AF537439

Manuel Dotzauer

Schmalspurbahn Landschaft Deutschland

Die Letzten ihrer Art

Dieses Buch ist bei der Deutschen Nationalbibliothek registriert.
Die bibliografischen Daten können online angesehen werden:

http://dnb.d-nb.de

Meinem Vater (1938–2019) zugeeignet.

Großes Titelbild: In den Morgenstunden des 8. Februars 2023 fährt der Zug von Bad Doberan in Richtung Kühlungsborn an der Ostsee. Foto: Stefan Weiß
Rücktitelbild: Am 1. Mai wird bei der Museumsbahn Bruchhausen-Vilsen–Asendorf traditionell die Saison eingeläutet. 2016 war hierfür die Dampflok »Hermann« bei Heiligenberg im Einsatz.

IMPRESSUM

St.-Pauli-Deich 3 | 28199 Bremen | Tel. 0421 - 77 8 66
info@kellnerverlag.de | www.kellnerverlag.de

Lektorat: KellnerVerlag
Umschlag: Designbüro Möhlenkamp & Schuldt, Bremen
Satz: Manuel Dotzauer

ISBN 978-3-95651-300-8

Inhaltsverzeichnis

Einleitung

In einem bundesweit einmaligen Projekt wurde 2009 die historische sächsische Lokgattung I K im Dampflokwerk Meiningen nachgebaut und am 1. August 2009 in Jöhstadt auf der Preßnitztalbahn der interessierten Öffentlichkeit präsentiert. Sie erhielt die Nummer 54.

Vorgeschichte

Unter einer Schmalspurbahn ist generell jede Bahn zu verstehen, deren Spurweite kleiner als 1.435 mm ist. Unterschieden werden kann aber zwischen

- Feldbahnen, die mit einer Spurweite von 500 oder 600 mm auf weichem Untergrund leicht auf- und abzubauen sind und zum Beispiel auf Baustellen, für das Heer oder zum Torfabbau verwendet wurden,
- Werks- und Grubenbahnen, die vorrangig der Industrie dienten,
- Straßenbahnen, die zum Teil in der Meterspur entstanden,
- Pionierbahnen, die in modellhafter Weise zumeist mit einer Spurweite von 381 mm (15 Zoll) Nachwuchsverbänden als Hobbybahn dienten und heute als Parkeisenbahnen erhalten sind,
- sowie Kleinbahnen, die zur Erschließung des ländlichen Raumes diese kostengünstige und kurvengängige Bauweise für sich zu nutzen wussten und in der Regel einen öffentlichen Personennahverkehr hatten.

Vor allem um letztere Art soll es in diesem Buch gehen.

In Oberschlesien entstand bereits ab 1853 ein Netz aus Bahnen mit einer Spurweite von 30 preußischen Zoll, was 785 Millimetern entspricht. 1860 wurde die Bröltalbahn im Rhein-Sieg-Gebiet zunächst als Pferdebahn in dieser Spurweite gebaut. Dem großen Bauboom wurde allerdings erst der Weg geebnet, als der Staat die Vorteile der schmalen Spur erkannte und mit entsprechenden Gesetzen einschritt. Dabei ist es zum größten Teil dem damaligen Königreich Sachsen zu verdanken, dass Bahnen mit sekundärer Bedeutung, also sogenannte »Secundärbahnen«, im gesamten Deutschland eine Chance zur Entstehung und zum Überleben bekamen. In Sachsen wurde bereits 1833 – also noch vor der Einführung der ersten Dampflokomotive, die diesen Namen verdient, 1835 in Deutschland – das Projekt der ersten deutschen Fernbahn zwischen Leipzig und Dresden erörtert. Bis zur Eröffnung der Linie am 7. April 1839 waren es allerdings vorwiegend private Finanziers, die den Bau ermöglichten; die Landesregierung war damals noch sehr zurückhaltend – selbst noch, als die »Saxonia« (übersetzt: »Sachsen«), die erste in Deutschland (in Übigau) gebaute Dampflokomotive, ihren Dienst zwischen Leipzig und Dresden aufnahm.

Erst nachdem weitere Privatbahnen in Betrieb gingen, begann am 6. April 1851 mit den Königlich Sächsischen Staatseisenbahnen die Staatsbahnperiode, die auch in anderen deutschen Landen durch neu gegründete Länderbahnen zur Forcierung des Eisenbahnbaus führte. Viele Städte bekamen einen Eisenbahn-Anschluss und wuchsen zusammen. Lediglich kleine, abseits gelegene Ortschaften, in Sachsen zum Beispiel im durch unwegsames Gelände gekennzeichneten Erzgebirge, blieben trotz emphatischen Drängens weiterhin von der »Außenwelt« abgeschlossen.

1869 manifestierte der Verein Deutscher Eisenbahnverwaltungen die Vorteile von Secundärbahnen. Kleinste Nebenbahnen mit leichtem Oberbau, eingeschränkten Sicherheitsbestimmungen, weniger Personal, größeren Neigungen und kleineren Kurvenradien sollten die ländlichen Regionen erschließen. Einfache Betriebsmittel und eine kleinere Spurweite, mit der es möglich war, enge Täler zu erschließen, sollten helfen, Kosten zu sparen. Am 13. Juni 1874 wurde diese Idee im sächsischen Landtag geprüft und 1878 mit der Dekretierung eines Kleinbahngesetzes in die Tat umgesetzt. Damit leistete die sächsische Regierung Pionierarbeit und machte die Entstehung von Secundärbahnen möglich. Viele beantragte Strecken mussten in der Folgezeit ausgewertet werden, ehe es zum Bau kam.

Kastendampflokomotiven sollten das Scheuen von Pferden auf Straßen verhindern. Diese Lok der 1965 stillgelegten Forster Stadtbahn hat im Verkehrsmuseum Dresden überlebt.

Die erste Secundärbahn verlief von Pirna nach Berggießhübel und war zunächst – im Sinnde der Meinung der Regierung – regelspurig. Die erste Schmalspurbahn mit 750-mm-Spurweite war dann am 17. Oktober 1881 diejenige von Wilkau-Haßlau nach Kirchberg, und in der Folgezeit entstanden in Sachsen bis 1923 insgesamt 564 Kilometer Schmalspurbahnen, die vorwiegend (insgesamt 537 Kilometer) in der klassifizierten 750-mm-Spur ausgeführt waren.

Das Königreich Preußen zog am 27. Juli 1892 mit einem entsprechenden Kleinbahngesetz nach. Der Thüringer Wald, große, landwirtschaftlich geprägte Ebenen in Mecklenburg, die Ostseeküste, die Prignitz, die Mark Brandenburg und die Magdeburger Börde hatten einen großräumigen Bedarf an Nebenlinien, die sich daher über mehrere hundert Kilometer erstrecken konnten. Doch auch in Preußen entstanden die ersten Schmalspurbahnen zunächst ohne diese entsprechenden Bahngesetze in privater oder kommunaler Regie, weil der Finanzierungsumfang oft nur eine kostengünstige Bauart zuließ. Die regelmäßige

Bedienung der kleinen Ortschaften respektive der kostenaufwändige Unterhalt der Strecken ließen die projektierten Linien nicht rentabel erscheinen und machten es unmöglich, sie im Umfang einer staatlichen Hauptlinie zu betreiben. Das preußische Kleinbahngesetz sah deshalb ebenso geringe bauliche Anlagen, minimale Geschwindigkeiten und feste Vorfahrtsregeln vor, um auf Sicherungseinrichtungen verzichten zu können. Zudem sollten möglichst viele Gutshöfe, Siedlungen und landwirtschaftliche Flächen erschlossen werden, was bei privatgesellschaftlicher Planung sehr schnell zu kurvenreichen Streckenführungen führte. Die ersten Schmalspurbahnen auf preußischem Gebiet waren Meterspurstrecken im Großherzogtum Sachsen-Weimar (heute Thüringen), nämlich schon 1879/80 die Feldabahn Dorndorf–Kaltennordheim als erste Strecke mit öffentlichem Verkehr. Sie wurde dann später vom preußischen Staat übernommen und gemeinsam mit den nachfolgenden Meterspurstrecken Hildburghausen–Heldburg und Eisfeld–Unterneubrunn (später Schönbrunn) mit einheitlichen Betriebsmitteln ausgestattet. Nach und nach setzte sich in Preußen das Finanzierungskonzept durch, Schmalspurbahnen zu je einem Drittel vom Staat, von den Provinzen und den Betreibergesellschaften bezahlen zu lassen.

Ein Relikt der 1973 abgebrochenen thüringischen Strecke Eisfeld–Schönbrunn ist dieses Brückenlager bei Biberau. 18. März 2009.

Während in Bayern mittels entsprechenden Gesetzes insbesondere normalspurige Lokalbahnen gefördert wurden, bildete sich ab 1891 Baden-Württemberg als Schmalspurland heraus. Die Königlich Württembergische Staatseisenbahn eröffnete zunächst die Linie Nagold–Altensteig in der Meterspur, worauf die Strecken Heilbronn Süd–Marbach, Lauffen–Leonbronn, Schussenried–Buchau, Warthausen–Ochsenhausen und Möckmühl–Dörzbach in der 750-mm-Spur folgten. Nicht nur die Bahnanlagen wurden nach einheitlichem Muster errichtet, auch die Betriebsmittel konnten auf diese Weise getauscht werden. Abgesehen von der 1905 eröffneten Strecke Mosbach–Mudau, die zum Großherzogtum Baden gehörte, wurde anschließend nur noch die Strecke Amstetten–Laichingen in der Meterspur ausgeführt.

Zur Erschließung schwieriger topografischer Regionen wie der Mittelgebirge und der norddeutschen Inseln, sowohl der ost- und nordfriesischen Inseln als auch der Insel Rügen, kamen ebenfalls nur Schmalspurbahnen in Frage. Für die Inselgemeinden mit ihrem weichen Untergrund, den engen Platzverhältnissen und den begrenzten finanziellen Möglichkeiten boten sie die beste Lösung. Nur die wenigsten der Inselbahnen wurden staatlich betrieben.

Parallele Entwicklungen

In der Anfangszeit stiegen verschiedene Eisenbahnbau- und Betriebsunternehmen wie Lenz & Co., Hermann Bachstein, Vering & Waechter und Horstmann & Co. erfolgreich in den Bahnbau-Boom ein. Sie organisierten die komplette Errichtung der Strecken und führten in den ersten Jahren bis zum Auslauf der Verträge den Betrieb. Anschließend wurden die meisten Bahnen in die Selbstständigkeit entlassen, zumindest bis 1920 ein Großteil von ihnen unter eine gemeinsame Führung kam. Dies war dann in der Regel die Deutsche Reichsbahn (DR) oder ab 1925 die Deutsche-Reichsbahn-Gesellschaft (DRG). Primär stand auch für die DR die Frage im Raum, inwieweit solche Kleinbahnen rentabel sein konnten beziehungsweise ob damit Gewinne zu erzielen waren. Vermutlich, so entnimmt man heute den Verkehrsstatistiken der ländlichen Linien, hat eine solche Rentabilitätsperiode lediglich bis zu den 1920er-Jahren in größerem Umfang angehalten, danach muss zwischen der Entwicklung der einzelnen Bahnen unterschieden werden. Im norddeutschen Raum gab es infolge der Wirtschaftskrise sowie durch erste Automobile in den 1930er-Jahren mehrere Streckenstilllegungen, so dass es wie bei der Kehdinger Kreisbahn (Stade–Itzwörden) oder der Amrumer Inselbahn sogar zu kompletten Demontagen kam. Viele Bahnen mussten in dieser Zeit Rationalisierungsmaßnahmen einläuten, kostengünstige Triebwagen wie die Wismarer Schienenbusse beschaffen oder den Betrieb auf Omnibusbetrieb umstellen. Andere Strecken wie die Feldabahn und die Müglitztalbahn wurden auf Normalspur umgebaut, um auf diese Weise eine neue Rentabilität zu erreichen. Erst kurz vor dem Zweiten Weltkrieg nahmen Güterzugleistungen aufgrund der allgemeinen Aufrüstung wieder zu.

In Sachsen wuchsen viele Schmalspurbahnen im Laufe der Zeit zu Netzen heran oder bildeten Verbindungen zwischen Hauptstrecken, waren mit ihrer Einsatz- und Verwaltungsstelle, die meist konzentrisch lag, jedoch weitgehend autonom. Anders als bei den meisten deutschen Kleinbahnen waren bei ihnen aber von Beginn an wegen der staatlichen Unterstehung einheitliche Leitbilder vorhanden. Für den gesamten Sekundärbahnbereich in Sachsen waren so einheitliche Fahrzeugserien beschafft worden und der Bau von Empfangsgebäuden und Lokschuppen nach gleichen Bauplänen erfolgt. Noch heute sind diese Zusammenhänge aus der Entstehungszeit sichtbar, zumal hinsichtlich des Fahrzeugparks. Was zunächst die Königlich Sächsischen Staatseisenbahnen betrieben, setzte ab 1920 die Reichsbahn mit ihrem einheitlichen Lokomotivbauprogramm fort, welches sich nun nicht mehr auf Sachsen, sondern auf sämtliche staatliche Schmalspurbahnen bezog. Zudem bekamen alle staatlichen Maschinen die Baureihenziffer 99 sowie eine anschließende Unterscheidungs- und Zählziffer zugeteilt.

Nach dem Abbruch der Preßnitztalbahn in Sachsen 1986 blieb dieses Gleisende in Streckewalde zurück.

Die Abweichung der Kleinbahnen von der Spurweite der Hauptbahnen wurde anfangs als Hauptmanko der Rentabilität erkannt, erwies sich aber als weniger schwerwiegend als befürchtet. Sicherlich nahm die Umladung der Güter von der Haupt- auf die Kleinbahn viel Zeit in Anspruch, doch schon 1880 gab es das Konzept von Rollwagen, auf die die normalspurigen Güterwagen über eine Rampe einfach aufgerollt und dann auf der Schmalspurbahn weitertransportiert werden konnten. Später kamen Rollböcke hinzu, die jeweils nur eine Achse des Normalspurwagens trugen und dadurch vom Gewicht her leichter waren. Allerdings waren sie im Betrieb auch umständlicher, so dass sich die Rollwagen vielerorts durchsetzten. Die ostdeutschen Schmalspurbahnen verwenden sie noch heute.

Mit Rollwagen, wie hier am 1. April 2012 in Freital-Hainsberg, ließen sich regelspurige Fahrzeuge auf der Schmalspurbahn transportieren. So wurde das Umladen der Güter vermieden.

Außerdem waren Einsparungen möglich, indem Personen- und Güterzüge – wie vor allem in der Nachkriegszeit gebräuchlich – als Gesamtgespann verkehrten. In Personenzügen wurden Güterwagen mitgenommen und umgekehrt, wobei nach den Sicherheitsregeln die Güterwagen in den sogenannten GmP (Güterzüge mit Personenbeförderung) oder PmG (Personenzüge mit Güterbeförderung) direkt hinter der Lok zu laufen hatten. Die Reisenden mussten sich auf Wartezeiten einstellen, wenn die Güterwagen in den Bahnhöfen oder sogar auf freier Strecke einem Anschlussbetrieb zugeführt wurden, was einigen Rangieraufwand mit sich brachte und den Komfort stark einschränkte.

Im Krieg

Während der gewaltsamen Annexion Polens, Tschechiens und Österreichs in den 1930er- und 1940er-Jahren beeilte sich die Verwaltung der nazifizierten Deutschen Reichsbahn mit der Einreihung der im Großreich Deutschland hinzugekommenen Schmalspurlokomotiven. Dies war angesichts der schwer einzuordnenden Einzel- und Serienmaschinen von schlesischen, böhmischen und österreichischen Schmalspurbahnen nicht gerade leicht, weil sie teilweise kaum ins deutsche Bild passten. So gelangten für nur wenige Jahre Lokomotiven der 760-mm-Reihe U, Schmalspur-Zahnradloks sowie Waldbahnmaschinen mit Kobelschornsteinen in den Reichsbahn-Lokbestand. Die vormaligen Bezeichnungen der PKP, ĈSD und BBÖ wurden gegen das deutsche Nummernschema getauscht, das vor allem aus der bekannten Schmalspur-Ordnungsnummer 99 sowie aus einer vierstelligen Ziffer bestand. Die erste Zahl gab dabei die Spurweite an, wie es auch nach dem Umzeichnungsplan der DB AG vom 1. Januar 1992 wieder der Fall war. Dreistellige Gattungsnummern waren denjenigen Lokomotiven vorbehalten, die aufgrund eines jüngeren Baujahres für eine längere Einsatzzeit eingeplant werden konnten und unter staatlicher Regie beschafft worden waren. Damit fand eine Anlehnung an die in Deutschland herrschenden Gepflogenheiten statt, ältere Maschinen aus Privatbahnbeständen vierstellig, Eigenproduktionen dreistellig auszuzeichnen. Die neuen Schmalspurlokomotiven fuhren teilweise noch bis in die 1950er-Jahre mit ihrer Reichsbahn-Nummer, obwohl nach 1945 längst wieder die ursprünglichen Bahngesellschaften Einzug gehalten hatten.

Viele heimische Lokomotiven wurden von der Wehrmacht für den Kriegseinsatz requiriert und nach Osten abgezogen. Nur die wenigsten kehrten nach dem Krieg zurück; die anderen wurden entweder zerstört oder von den Siegermächten für den Aufbau ihrer zerstörten Strecken beschlagnahmt. Es gab aber auch einige Fremdlokomotiven, die während des Krieges als Beute nach Deutschland kamen und hier nach dem Krieg verblieben, so französische, polnische und rumänische Schmalspurmaschinen. Sie blieben zum Teil noch bis in die 1960er-Jahre im Einsatz.

Viele ehemalige Wehrmachts-Loks leisteten nach dem Krieg auf deutschen Schmalspurbahnen friedliche Dienste, so die Schlepptenderbauart nach dem Heeresfeldbahn-Typenblatt HF 110 C. Sie besaß einen Außenrahmen und war deshalb leicht umspurbar. Hier Lok 4 der Dampfkleinbahn Mühlenstroth am 19. Mai 2015.

Nach dem Krieg getrennte Wege

Nach dem Zweiten Weltkrieg fielen viele der im Krieg nicht beschädigten Schmalspurstrecken und -betriebsmittel den Reparationsleistungen an die Alliierten zum Opfer, insbesondere im ostdeutschen Besetzungsgebiet für beschädigte Bahnen in Russland und den anderen sozialistischen Staaten. 1949 trat die Deutsche Reichsbahn der DDR in ein konkretes Verwaltungsstadium, enteignete sämtliche verbliebene Privatbahnen und unterstellte sie zwischen April 1949 und Januar 1950 ihrem Nutznießungsbereich. Das zog naturgemäß zahlreiche organisatorische Neustrukturierungen nach sich. Doch die DR modernisierte auch ihre Bahnen, knüpfte an das Einheitslok-Bauprogramm aus der Vorkriegszeit an und beschaffte für die Schmalspurbahnen auf dem Gebiet der DDR erneut weitgehend einheitliche Neubauserien. So entstanden in den 1950er-Jahren beim Lokomotivbau »Karl Marx« (LKM) in Berlin-Babelsberg 43 Neubau-Dampflokomotiven und ab 1957 mehrere hundert Kleindiesellokomotiven für schmalspurige Industrie- und Werksbahnen. Sächsische Schmalspurfahrzeuge, die in Sachsen überzählig waren, wurden auf andere Strecken umgesetzt und den dortigen Betriebsverhältnissen angepasst. Alle Fahrzeuge bekamen ein einheitliches Nummernschema sowie eine einheitliche Lackierung für das gesamte DDR-Gebiet. In den 1960er-Jahren begann die Deutsche Reichsbahn zudem damit, die vorhandenen Altbaufahrzeuge zu modernisieren, entweder zu »rekonstruieren«, zu »generalüberholen« oder zu »großteilerneuern«. Gleichzeitig wurde der Betrieb stark rationalisiert.

Infolge dieser Maßnahmen wurden sich die Strecken im Erscheinungsbild der Züge – nicht aber im individuellen Charakter der jeweiligen Region – immer ähnlicher. Dennoch konnten sie in der Regel mit dem fortschreitenden Kraftverkehr auf der Straße nicht Schritt halten. Sie verloren an Komfort und fielen schließlich unter das politisch motivierte Stilllegungskonzept der DR zur »Bereinigung« des Eisenbahnnetzes der DDR bis

Mitte der 1970er-Jahre. Der sogenannte Verkehrsträgerwechsel auf den VEB Kraftverkehr oder andere Busbetriebe wurde als fortschrittliches Ereignis öffentlich gefeiert und sollte nicht zuletzt ein Zeichen an Westdeutschland sein, mit dessen Modernisierungs- und Stilllegungsmaßnahmen allemal Schritt gehalten zu haben.

Nur Nebenstrecken, die Denkmalschutz genossen oder aber im Schüler-, Berufs- und Touristenverkehr noch weiterhin unentbehrlich waren, überlebten diese Welle der Demontage und damit auch die Zeit bis zur politischen Wende. Vor allem die Bäderbahnen im Norden der ehemaligen DDR, die Harzer und die sächsischen Schmalspurbahnen sind heute vielen ein Begriff, weil sie als denkmalgeschützte Schmalspurbahnen noch immer mit Dampflokomotiven betrieben werden und in einem beliebten Urlaubsgebiet liegen. Die Beschaffung neuer und moderner Betriebsmittel auf diesen Linien war einerseits zu teuer, andererseits machten die alten den Reiz des Besuches aus und bestanden so noch zur Wende aus interessanten, erhaltenswerten Fahrzeugen.

1970 führte die Deutsche Reichsbahn – zwei Jahre nach ihrer westlichen Kollegin – ein leicht geändertes Nummernsystem mit EDV-Kontrollziffer ein. Dreistellige Gruppierungszahlen nach der Baureihenziffer wurden nun vierstellig, während die DB die Baureihenbezeichnungen um eine 0 auf 099 erweiterte und die Gruppierungsziffern dreistellig beließ.

99 1781, Neubaulok des LKM Babelsberg, am 21. März 2009 im Dampflokwerk Meiningen. Die zuvor im Verkehrsmuseum Nürnberg ausgestellte Maschine wurde für die Preßnitztalbahn instandgesetzt und Ende 2010 nach Rügen verkauft.

Im Westen

Im Westen hatte die 1949 gegründete Deutsche Bundesbahn (DB) wenig Interesse an den unrentablen Linien in den Kommunen. Nur diejenigen, die bereits 1920 verstaatlicht worden waren, kamen nun in die Obhut der DB. So blieben die meisten westdeutschen Verwaltungen privat und mussten sich entsprechend in Dachverbänden organisieren. In der Regel unterstanden sie der Aufsicht der Landeseisenbahnämter. Schnell jedoch – früher als im Osten – machten sie das Wirtschaftswunder und die fortschreitende Individualmobilisierung überflüssig. Noch einmal versuchte die DB, mit Diesellok-Entwicklungen wie den Baureihen V 29, V 51 und V 52 den Betrieb auf ihren wenigen, zumeist württembergischen Strecken zu rationalisieren. Das brachte einigen Bahnen immerhin eine Überlebenschance bis in die 1980er-Jahre hinein. Auch Umspurungen auf Normalspur wie bei der Bottwartalbahn, der Zabergäubahn, der Albtal-Verkehrsgesellschaft, der Hümmlinger Kreisbahn und der Verkehrsbetriebe Grafschaft Hoya sorgten für einen Fortbestand der Linien.

Die Mehrzahl der Streckenstilllegungen fand jedoch bereits in den 1960er-Jahren statt. Für diese Bahnen gab es in der Regel keine Existenzgrundlage mehr – für die privaten Bahngesellschaften dagegen schon: Oftmals wurden sie in Busbetriebe umgewandelt, folgten dann per Bus den Routen der vorherigen Bahnlinien – und blieben in dieser Form bis heute bestehen! So leben die ehemaligen Kleinbahnstrecken zumindest in den Busrouten fort.

Wenn man allerdings die Beförderungszahlen innerhalb der ehemaligen Einzugsgebiete der Bahnen analysiert, fällt auf, dass die Fahrgäste noch weniger sind als früher, der Betrieb mit Bussen zwar billiger, im ländlichen Raum jedoch nur noch auf wenige Fahrzeiten beschränkt ist und zudem grundsätzlich von den Kommunen subventioniert oder ganz übernommen werden muss. Das ist das Resultat einer jahrzehntelangen Entwicklung, in denen die Klein- und Nebenbahnen soetwas wie »gute Freunde« in der Bevölkerung waren, zuerst sehnlichst empfangen wurden und schließlich nach höchstens hundert Jahren in einem minimierten Betrieb überlebten. Vielerorts wurden die alten Anlagen der Eisenbahn den Busbedürfnissen angepasst oder nur provisorisch umgebaut, so dass der eigentliche Sinn dieser Bauten früherer Zeiten noch immer erkennbar ist und das Gefühl suggeriert, der Busbetrieb wäre auch nicht mehr als eine weitere Entwicklungsphase.

1969 fuhr mit 099 651 bei der DB die letzte Schmalspurdampflok und beendete damit eine ganze Ära – die Lok ist heute Denkmal in Steinheim an der Murr. Die Wangerooger Inselbahn wurde in der Folgezeit sukzessive zur letzten von der DB betriebenen Schmalspurbahn degradiert und vertritt diesen Ruf noch heute. Bis auf ganz wenige Strecken, so zum Beispiel die Chiemseebahn, haben alle anderen von der Regelspur abweichenden Linien nur noch die erhaltende Nostalgie zum Ziel. Die Schmalspurbahn hat ihre Zeit gehabt und zählt heute zu den populärsten Kleinbahnen überhaupt. Zahlreiche Museen beschäftigen sich mit diesem Thema.

Die Zeit nach der Wende

Während die letzten Schmalspurbahnen Westdeutschlands seit den 1960er-Jahren nur dank des Engagements privater Vereinigungen und Hobbyeisenbahner museal für die Nachwelt erhalten werden konnten, fuhren auf dem Gebiet der Neuen Bundesländer 1990 noch neun Schmalspurstrecken planmäßig mit Dampfbetrieb. Mit der Übernahme dieser Strecken durch die Deutsche Bahn AG (DB AG) trat für sie eine ganz andere Entwicklung ein: Zum einen wurden sie zum 1. Januar 1992 mit einem einheitlichen Nummernsystem belegt, wobei die Dampflokomotiven die Baureihenbezeichnung 099 bekamen und eine anschließende dreistellige Zahl, deren erste Ziffer die Spurweite angab. Zum anderen kamen viele Maschinen gar nicht mehr in den Genuss der neuen Baureihenbezeichnung, da sie zwischen 1993 und 1996 privatisiert oder in kommunale Obhut übergeben wurden. Dampfbetriebene Schmalspurbahnen passten nicht in das Leitbild der progressiven Zukunftspläne der Deutschen Bahn und mussten irgendwie in eine selbstständige Betriebsgesellschaft überführt werden. Sämtliche heute noch existenten Bahnen sind somit auf den Tourismus angewiesen. Und gemäß den Erwartungen des Fremdenverkehrs wurde in vielerlei Hinsicht der alte, muffige DDR-Geruch abgelegt und ein museales, nostalgisch orientiertes Zeitalter begonnen – schade! Der Hauch von planmäßigen Dampfeinsätzen auf Schmalspurbahnen ist damit auch auf diesen

Die letzte schmalspurige Dampflok der DB stand von 1969 bis 2016 als Denkmal in Steinheim an der Murr. Foto: Marco Dotzauer (13. April 2014)

Bahnen weitgehend geschwunden, und obwohl die Züge noch täglich im Einsatz stehen, trat eine Art lebendiges Museum an die Stelle des Alltags und erforderte Einschränkungen im Fahrplan, Herrichtung der Dampflokomotiven zu Sonderfahrzeugen im Stil ihres Anlieferungszustandes, Aufhebung strenger Beförderungsrichtlinien und Trennung von Berufs- und Touristikverkehr. Güterverkehr findet heute nur noch auf der Wangerooger Inselbahn, der Brohltalbahn und den Harzer Schmalspurbahnen statt. Die Harzer Schmalspurbahnen GmbH, die Sächsische Dampfeisenbahngesellschaft mbH, die Döllnitzbahn GmbH, die Sächsisch-Oberlausitzer Eisenbahngesellschaft mbH, die Preßnitztalbahn GmbH sowie die Mecklenburgische Bäderbahn »Molli« GmbH teilen sich die letzten Schmalspuraufgaben der Neuen Bundesländer, während auf den übrigen Strecken Museumsbahnvereine für weiterführende Nostalgie sorgen. Immerhin ist es vielen von ihnen gelungen, längst demontierte Strecken mit EU-Geldern und viel Eigenarbeit wieder aufzubauen und auf diese Weise ein Stück Vergangenheit zurückzuholen. Bemerkenswert ist außerdem, dass einige als Privatvereine begonnene Schmalspurbahnen mittlerweile bundesweit im Normalspurgeschäft aktiv sind, wie zum Beispiel die am 17. Januar 2000 gegründete Eisenbahnbau- und Betriebsgesellschaft Preßnitztalbahn mbH (PRESS), die neben den Schmalspurstrecken Jöhstadt–Steinbach und Putbus–Göhren auch mehrere normalspurige Nebenbahnen im Schienenpersonennahverkehr betreibt sowie Gütertransportaufgaben wahrnimmt. Auch anderen Vereinen gelang auf diesem Weg der Einstieg in ein ernstzunehmendes Geschäft, so dass deren Zukunftschancen als sehr gut zu beurteilen sind.

Erinnerungen an die 1970 stillgelegte Gera-Pforten–Wuitzer Eisenbahn: Am Bahnhof Pölzig wurde ein Güterwagen als Denkmal aufgestellt. Ebenso sind noch ehemalige Wagenkästen in der Landschaft auszumachen. 26. Juli 2014.

Die heute im Betrieb stehenden ehemals staatlichen Maschinen fahren aus Nostalgiegründen in der Regel mit der Baureihennummer aus der Zeit 1920/56–1970 im Osten bzw. 1920–1968 im Westen (deren Zahl dort allerdings äußerst gering ist). Die DB-Diesellokomotiven auf Wangerooge tragen seit 1992 die Baureihenbezeichnung 399.1, die offiziellen Charakter hat. Im vorliegenden Band wurden die zumeist bekannteren Anschriften aus der Zeit zwischen 1968/1970 und 1992 für die Nennungen gewählt, allerdings auf die (für eine Identifizierung überflüssige) EDV-Prüfziffer verzichtet. Im Anhang dieses Buches ist ein Verzeichnis mit den vollständigen Nummern aufgeführt.

Zu diesem Buch

Angesichts der Fülle der vorhandenen Schmalspurbahnliteratur (siehe Anhang) kann dieses Buch keine neuen Erkenntnisse zu einzelnen Streckenmonografien oder dem Fachgebiet insgesamt beisteuern. Es bietet vielmehr den in der Buchlandschaft fehlenden zusammenfassenden Überblick über die heutige Situation bei den verbliebenen Strecken. Ferner soll dieses Buch Anregungen zu Reisen zu Schmalspurbahnen geben und ein kompaktes Nachschlagewerk sein, in dem man sich schnell über einzelne Reiseziele informieren kann.

Gegenüber den heute oft verbreiteten Bildbänden mit eher stichprobenhaften Beiträgen aus dem gesamten, sehr umfangreichen Schmalspurthema mag dieses nützliche Buch entgegenwirken, um das heutige Geschehen auf schmalen Gleisen einigermaßen überblicken zu können.

Dabei musste aus Platzgründen auf einige Bereiche verzichtet werden: Parkeisenbahnen, Feld- und Grubenbahnen sind in diesem Buch nicht vertreten, vielmehr diejenigen Strecken, die als schmale Kleinbahnen bekannt geworden sind und noch heute existieren. Für den Schmalspurfreund und die -freundin durchaus interessante und liebenswerte, aber ursprünglich nicht vorhandene, sondern von Privatleuten neu erbaute Strecken wie beim Frankfurter Feldbahnmuseum, beim Deutschen Feld- und Kleinbahnmuseum in Deinste, bei der Dampfkleinbahn Mühlenstroth, bei der Märkischen Museumseisenbahn sowie bei der Ostseebahn Klütz–Grevesmühlen sind hier ebenfalls nicht behandelt worden. Trotzdem sind auch diese einen Besuch wert – wie jede Bahn der in diesem Buch erwähnten Vereine und Gesellschaften.

Eingehende Lokomotivbeschreibungen sind in der allgemeinen Fachbuchliteratur hinreichend vorhanden, so dass hier verkürzte Informationen ausreichen mögen. Bei der Fotoauswahl wurden die ungewöhnlichen Motive – gegenüber den vielfach bekannten – bevorzugt. Eingestreut wurde auch eine Auswahl der zahlreichen Spuren, die noch heute von ehemaligen Strecken zu entdecken sind.

Um die Fahrpläne und -preise vorab schnell erkunden zu können, werden jeweils die Internet-Adressen genannt.

Diese Brücke der ehemaligen Südharzeisenbahn bei Sorge dient heute als Wanderweg. Ein Stückchen weiter liegen noch Schienen. (27. Oktober 2014)

In Kriele erinnert nur noch das Straßenschild an die einstige Kleinbahn nach Senzke und Nauen. (18. Mai 2015)

Niedersachsen

Die Schöma-Lok »Hannover« steht am 13. Juni 2009 im Ortsbahnhof Borkum.

Dampfbetrieb in der Nordsee: Borkumer Kleinbahn (900 mm)

Die Borkumer Inselbahn ist unter den norddeutschen Schmalspurbahnen eine Besonderheit, weil ihre 7,5 km lange Strecke seit 1908 entgegen den damaligen Kleinbahnvorstellungen abschnittsweise zweigleisig und zudem in der ungewöhnlichen Spurweite von 900 mm ausgeführt ist. Letztere übernahm sie von einer Materialbahn, die bereits vor ihrer Gründung die Insel befuhr. Nach der Bauphase konnte die Strecke am 15. August 1888 eröffnet und zunächst durch die Emder Baufirma Habich & Goth betrieben werden, bis die Reederei AG Ems 1903 die Anteile übernahm und die Bahn als Borkumer Kleinbahn und Dampfschiffahrt verwaltete.

Von den im Ersten und Zweiten Weltkrieg betriebenen Borkumer Militärbahnen, die als Verbindungslinien zwischen Kasernen, Schiffsanlegern und Batteriestellungen dienten, blieben nach 1945 nur noch vereinzelte Anlagen: unter anderem heute privat genutzte Gebäude und eine für den Küstenschutz verwendete Materialbahn. 1964, als die letzte Dampflok aus dem Betrieb schied, endete auch der Güterverkehr und damit die gesicherte Zukunft der Bahn. Fortan dominierte der Busverkehr bzw. der eingleisige Betrieb in der Sommersaison.

Erst 1994 erlebte der Tourismus eine Renaissance, so dass mit neuen Fahrzeugen, 18 Wagen und Rapsöl-Diesellokomotiven von Schöma der Verkehr ganzjährig fortgeführt werden konnte. In der Regel pendeln zwei Diesellokomotiven als festes Gespann am Beginn und Ende einer Zuggarnitur zwischen Hafen und Ort, um nicht umsetzen zu müssen. Die farbenfrohen Wagen sind komplett nach historischem Vorbild gefertigt, aber mit modernem Interieur ausgestattet. Unter dem Namen »Dünenexpress« kommen der Kaiserwagen, der Gesellschafts- und der Bistrowagen bei den Fahrgästen gut an und können in den Sommermonaten zusätzlich gemietet werden.

Zudem wurde für die Touristen ein besonderer Anreiz geschaffen: Die 1961 abgestellte und von 1994 bis 1997 im Dampflokwerk Meiningen für 620.000 DM aufgearbeitete Dampflok BORKUM III ging am 25. März 1997 mit Ölfeuerung wieder in Betrieb. Und auch der von der Deutschen Gesellschaft für Eisenbahngeschichte (DGEG) zurückgeholte Wismarer Schienenbus VT 1 kann in restauriertem Zustand für Sonderfahrten gemietet werden. Die Triebfahrzeuge der Inselbahn tragen aus Nostalgiegründen übrigens noch heute Namen.

Die Fährverbindung nach Borkum beginnt in Emden-Außenhafen. Der dortige Bahnhof direkt am Anleger ist Endstation einiger DB-Verbindungen, zum Beispiel eines IC-Zugpaars aus Rheine. Bis 1953 besorgte eine elektrische Stadtbahn den Zubringerdienst von Emden nach Emden-Außenhafen.

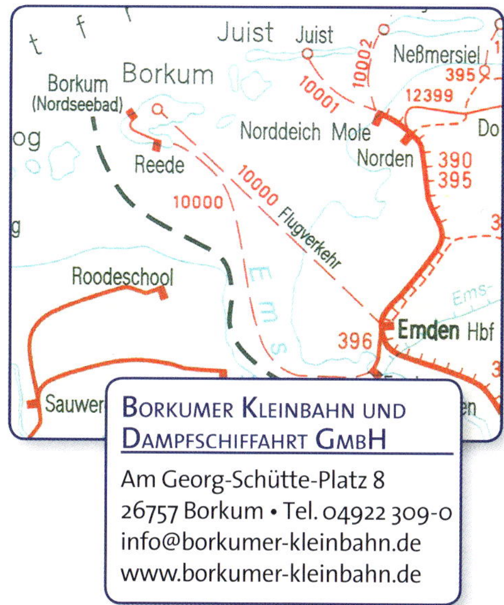

Der restaurierte VT 1 steht am 12. Juni 2009 in der Fahrzeughalle der Kleinbahn. Er wurde von der DGEG aus Bochum-Dahlhausen zurückgeholt.

Triebfahrzeuge Borkumer Kleinbahn

Triebfahrzeug	Bauart	Baujahr	Hersteller	Bemerkungen
Borkum III	Bn2t	1941	Orenstein & Koppel	zunächst Denkmallok, seit 1997 wieder betriebsfähig
Leer II	Bdm	1935	DWK	1948 von der Marine übernommen
Münster II	Bdh	1957	Schöma	lange Zeit stärkste Borkumer Diesellok
Emden III	Bdh	1970	Schöma	1988 nach Umbau bei Schöma übernommen; Nachfolgerin der Lok »Emden II«, die heute beim DEV fährt
Hannover	Bdh	1993	Schöma	Neubaulok
Berlin	Bdh	1993	Schöma	Neubaulok
Münster III	Bdh	1994	Schöma	Neubaulok
Aurich	Bdh	2007	Schöma	Neubaulok
VT 1	Bdm	1940	Wismar	Bauart »Hannover«; 1976 zunächst an die DGEG abgegeben, 1998 restauriert wieder in Betrieb genommen

OBEN: Die in der Saison vor Nostalgiezügen eingesetzte Dampflok »Borkum III« setzt am 13. Juli 2009 am Schiffsanleger um.
LINKS: Die Lok »Borkum II« steht heute als werbendes Denkmal mit ungewohntem Anstrich in Bevern bei Bremervörde (1996).
UNTEN: Die Diesellok »Emden III« wurde 1970 von Schöma gebaut. Hier beim Umsetzen im Ortsbahnhof am 13. Juli 2009.

Fotohalt auf offener Strecke zwischen Borkum Ort und Borkum Anleger. In diesem Bereich verläuft die Bahn zweigleisig, so dass der Nostalgiezug ohne Gefahr anhalten kann.

Nach getaner Arbeit rangiert die Schöma-Lok ihren bunten Wagenzug in die Fahrzeughalle. Das modernisierte Bahnbetriebswerk liegt mitten im Ort, fotografiert am 12. Juli 2009.

Schmalspur in der Nordsee: Die Inselbahn Langeoog (1.000 mm)

Die Dampfschiffsreederei Esens–Langeoog AG eröffnete am 25. Juni 1901 eine 3,6 Kilometer lange Pferdebahn vom damals südlichen hölzernen Anleger zur Herberge Loccumer Hospiz auf der nördlichen Seite der Insel. Die Gäste, die von Esens her nach Langeoog reisten, konnten nun bequem über das Watt, in dem ein Teil der Strecke lag, durch die Deichwiesen und den Ort befördert werden. 1927 ging die Meterspurbahn in Gemeindeeigentum über, womit der Motorbetrieb protegiert wurde. 1937 standen hierfür ein gebraucht erworbener Wagenzug der Steinhuder Meer-Bahn sowie fabrikneue Diesellokomotiven (Köf 1 und 2) zur Verfügung. Gleichzeitig erneuerte bzw. verkürzte man die Trassierung der Linie, indem die auf offener Straße im Ort verlaufenden Gleise entfernt und am Ortseingang ein neuer Bahnhof errichtet wurden.

Dem extensiven Militärverkehr im Zweiten Weltkrieg folgte der Aufschwung des Fremdenverkehrs, vor allem, als Langeoog 1976 durch eine Fahrwasservertiefung unabhängig von den Gezeiten wurde. Trotzdem besitzt die Gemeinde nach wie vor keine Schiffsanlegestellen in Ortsnähe, sondern nur die Zubringung über Esens-Bensersiel durch die dort vertiefte Fahrrinne zum südlichen Hafen. Da die Bahn für den autofreien Verkehr ohnehin nicht wegzudenken ist, wurde sie 1994 und 1995 grundlegend saniert, die ab 1961 eingesetzten Triebwagen durch fünf fabrikneue Schöma-Diesellokomotiven ersetzt, acht Nostalgie-Personenwagen der Bremer Waggonbau, zwei Sonderfahrzeuge und eine Containerlore für insgesamt zehn Millionen Mark beschafft. Die alten Triebwagen, teilweise 1965 von der Kreis Altenaer Eisenbahn übernommen, wurden von den Harzer Schmalspurbahnen erworben, die alten Wagen an die Märkische Museumseisenbahn, an die Steinhuder Meer-Bahn, von der sie einst kamen, und an den Deutschen Eisenbahn-Verein (DEV) abgegeben. Während die neuen Fahrzeuge im Februar 1995 dem Betrieb übergeben wurden, waren die Erweiterungsmaßnahmen am Bahnhof 1996 beendet. In der Regel verkehrt heute eine Garnitur mit sechs Personenwagen (zwei davon mit barrierefreier Ausstattung), einer Gepäcklore und jeweils am Beginn und Ende angekuppelten Diesellokomotiven zwischen Ort und Hafen.

Schiffahrt der Inselgemeinde Langeoog

Hauptstraße 1a • 26465 Langeoog
Tel. 04972 693-0
schiffahrt@langeoog.de
www.langeoog.de

Auch die Dieselloks 1 bis 5 der Inselbahn Langeoog baute die Maschinenfabrik Schöttler (Schöma) in Diepholz. Hier steht Lok 5 mit dem bunten Wagenpark im Ortsbahnhof. Der Zustieg ist erst kurz vor Abfahrt des Zuges möglich.

Triebfahrzeuge Inselbahn Langeoog

Triebfahrzeug	Bauart	Baujahr	Hersteller	Bemerkungen
Kö 1 (2.)	Bdh	1956	Schöma	wurde 1999 bei Schöma komplett modernisiert
Kö 2	Bdm	1937	Deutz	Denkmallok am Inselbahnhof
Kö 4	Bdh	1965	Schöma	vormals Inselbahn Spiekeroog
Lok 1	Bdh	1994	Schöma	Neubaulok
Lok 2	Bdh	1994	Schöma	Neubaulok
Lok 3	Bdh	1995	Schöma	Neubaulok
Lok 4	Bdh	1995	Schöma	Neubaulok
Lok 5	Bdh	1995	Schöma	Neubaulok

LINKE SEITE: Lok 4 wartet im Betriebshof Langeoog auf den nächsten Einsatz. RECHTS: Eine Kleinbahnfahrt über die Insel ist für jeden Gast ein Erlebnis. Die Fahrzeiten sind mit den Zeiten der Fährschiffe abgestimmt.

LINKS: Am 28. August 2023 stand die Inselbahn-Garnitur am Schiffsanleger. Vom Flachwagen hinter der Lok wird Gepäck ver laden.

Letzte Schmalspurbahn der DB: Die Inselbahn Wangerooge (1.000 mm)

Bestes Wetter herrschte am 26. September 2021, als der Inselbahnzug vom Anleger durch die Deichwiesen zum Ort fuhr. Foto: Claas Zülow

Die Insel Wangerooge gehört offiziell nicht zu Ostfriesland, sondern zum Staatsgebiet Oldenburg. Insofern entstand die meterspurige Inselbahn unter der Regie der Großherzoglich Oldenburgischen Staatseisenbahn, die ebenfalls den Schiffsverkehr betrieb. Heute befindet sie sich im Besitz der DB AG und wurde, trotz einer vor allem im Winter eigenständigen Betriebsführung durch die Gemeinde, bisher nicht regionalisiert. Seit 2013 gehören die Schifffahrt und die Inselbahn Wangerooge zur DB Fernverkehr AG. Die Zubringerstrecke Jever–Harle ist allerdings 1989 stillgelegt worden.

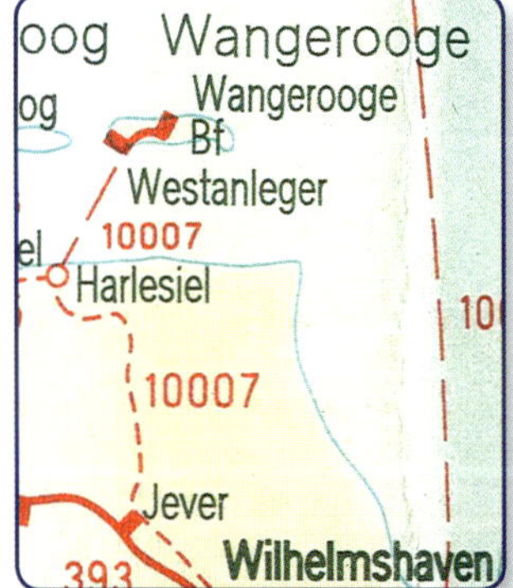

Am 3. Juli 1897 wurden die 3,5 Kilometer lange Strecke Wangerooge–Westanleger und 1900 der zwei Kilometer lange Abschnitt von der Abzweigstelle Saline zum Westturm (Bahnhof Westen) eröffnet. Am 1. Juli 1904 folgte die 5,43 Kilometer lange Ostlandstrecke zum dortigen Anleger, die allerdings 1958 wieder stillgelegt wurde. Verblieben sind heute 5,5 Kilometer Gleise, die sich aus der Zubringerlinie zum Ortskern, dem Abzweig zum Bahnhof Westen und den Anschlüssen zu Gästeheimen, zum Müllpresswerk und zum Wasser- und Schifffahrtsamt Wilhelmshaven zusammensetzen. Ein Teil der heutigen Abzweigungen entstand im Ersten Weltkrieg durch das Militär, welches Besitzansprüche an der Bahn geltend machte, ehe diese 1949 ohnehin in Bundesbesitz überging. An der Abzweigung Saline gab es zeitweise sogar ein Gleisdreieck, das aber 1969 abgebrochen wurde.

Die Abzweigstrecke zum Bahnhof Westen ist seit Juni 2010 auch für den öffentlichen Verkehr zugelassen. Der 1905 eröffnete Ortsbahnhof wurde schrittweise aus dem Dorfkern herausgelegt und beherbergt noch heute das Bahnbetriebswerk mit Lokschuppen und Werkstatt. Der auf Pfählen gegründete Westanleger ist nur tideabhängig von Harlesiel aus zu erreichen.

Triebfahrzeuge Inselbahn Wangerooge

Triebfahrzeug	Bauart	Baujahr	Hersteller	Bemerkungen
99 211	Cn2t	1929	Henschel	Denkmallok am Leuchtturm
399 105	Cdh	1990	Faur	rumänisches Fabrikat
399 106	Cdh	1990	Faur	rumänisches Fabrikat
399 107	Bdh	1999	Schöma	Neubaulok
399 108	Bdh	1999	Schöma	Neubaulok

DB Fernverkehr AG

Schifffahrt und Inselbahn Wangerooge
Hafen Harlesiel • 26409 Wittmund
Tel. 04464 9494-0
siw-wangerooge@deutschebahn.com
www.siw-wangerooge.de

Diesel und Dampf

Nach 1945 erfolgte Schritt für Schritt die Verdieselung. Von den ursprünglichen fünf zweiachsigen Dampflokomotiven blieb die 99 023 als letzte im Betrieb und wurde schließlich am 22. November 1958 ausgemustert. Die 99 211, am 1. Juli 1957 letztmalig eingesetzt, fand als Denkmal am Leuchtturm im Ort eine neue Heimat und soll künftig eventuell aufgearbeitet werden. Die nicht stammeigenen Tenderloks, die durch die Militärorganisation Todt nach Wangerooge gelangten, waren im Zeitraum 1944 bis 1949 eingesetzt und kamen dann überwiegend zur Walhallabahn. Selbst vom pfälzischen Schmalspurnetz gab es von 1936 bis 1952 den Einsatz der Kastendampflok 99 081, während heute die »Franzburg« des Deutschen Eisenbahn-Vereins saisonal zu Gast ist.

Die Personenwagen, jeweils vierachsige Plattformwagen, sind durchgängig modernisiert und zweifarbig lackiert. 1999 gelang Inselbahnchef Theo Robbers die Beschaffung von zwei neuen Diesellokomotiven der Firma Schöma und zwei restaurierten Wagen. Der 1961 von Spiekeroog übernommene Triebwagen 399 001 wurde 1995 an den DEV abgegeben; für jährlich 400.000 Reisende war sein Platzangebot kaum ausreichend. Die alten Diesellokomotiven 399 101 bis 399 104 (bis 1992 als 329 501 bis 329 504 bezeichnet) wurden nach Ankunft der Neubauloks ausgemustert, zwei 1992 aus Mansfeld übernommene rumänische C-Kuppler aber im Betrieb belassen.

Bis 1957 erreichte die dreiachsige Dampflok 99 211 eine Laufleistung von 353.025 Kilometern, ehe sie aus dem Betrieb schied. Nach einer Idee von Willy Boberg wurde sie 1968 vor dem Leuchtturmmuseum am Bahnhof als Denkmal aufgestellt.

LINKS: Obwohl auf der Kaje am Anleger genügend Umsetzgleise vorhanden sind, ist es nicht selten, dass die Lokomotiven rückwärts zum Ort zurückfahren. Foto: Wangerooger Inselbahn

UNTEN RECHTS: Begrünte Gleisanlagen sind ein Merkmal der Inselbahn. Am 30. Juni 1999 stehen alle drei Altbaudieselloks im heimatlichen Bw. Sie wurden nach Ankunft der neuen Schöma-Maschinen verkauft. Im Hintergrund das Empfangsgebäude.

OBEN: Die Lokomotiven werden in der bahneigenen Werkstatt auf der Insel gewartet. Am 24. August 2023 steht eine Schöma-Lok im Lokschuppen. Foto: Claas Zülow

RECHTS: Im August 2012 ist die rumänische 399 106 aktiv im Rangierdienst. Die beiden Faur-Loks werden auch heute noch vor Personen- und Frachtzügen eingesetzt.

Bei schönstem Sommerwetter fasst Dampflok »Hermann« im Bahnhof Bruchhausen-Vilsen Kohle für die Fahrt nach Asendorf. Fotografiert am 1. Mai 2016.

Tradition in der Grafschaft Hoya: Bruchhausen-Vilsen–Asendorf (1.000 mm)

Die 7,8 Kilometer lange Strecke Bruchhausen-Vilsen–Asendorf ist ein letzter in der Meterspur verbliebener Streckenast der einst schmalspurigen Hoya–Syke–Asendorfer Eisenbahn (HSA). Die HSA fusionierte am 20. Juni 1963 rückwirkend zum 1. Januar mit der normalspurigen Hoyaer Eisenbahn-Gesellschaft (HEG), die die Strecke Hoya–Eystrup betrieb und in Hoya einen Gemeinschaftsbahnhof mit der HSA besaß. Die neue Firma Verkehrsbetriebe Grafschaft Hoya (VGH) forcierte die Umspurung der Schmalspurbahnstrecken in zwei Abschnitten: Am 25. Mai 1963 war die Umspurung des Abschnitts Hoya–Bruchhausen durch Soldateneinheiten beendet, am 17. Januar 1966 auch das Reststück Bruchhausen-Vilsen–Syke regelspurig. Lediglich der Teil nach Asendorf verblieb mit einer Rollbockanlage und Dreischienengleisen im Spurwechselbahnhof Bruchhausen-Vilsen in der Meterspur.

Auf diesem Reststück wurde 1966 der Deutsche Eisenbahn-Verein (DEV) heimisch, der am 21. November 1964 vom Hamburger Harald O. Kindermann als Deutscher Kleinbahn-Verein gegründet worden war und bisher vergeblich nach einer geeigneten Strecke gesucht hatte. Von der VGH wurde den Freizeitbahnern bei den Verhandlungen im Oktober 1965 nicht nur die Strecke nach Heiligenberg

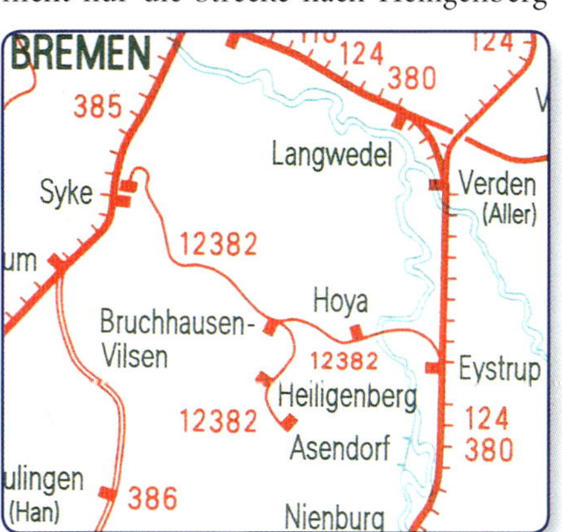

Mit der »Bruchhausen« (Lok 33 der HSA) begann der DEV 1966 das Museumsbahnzeitalter. 1971 wurde sie auf den Denkmalsockel gestellt (links am 19. Juni 1999) und im Mai 2005 in die Mitte des neuen Verkehrskreisels vor dem Empfangsgebäude Bruchhausen-Vilsen positioniert (rechts).

für Nostalgiefahrten angeboten, sondern auch die für den Schmalspur-Betrieb verbliebene Dampflok »Bruchhausen«. Dieses Original-Fahrzeug der HSA entsprach dem einfachen, aber robusten und zugkräftigen Dreikuppler-Typ für norddeutsche Kleinbahnen, wie er von Hanomag für viele Bahnen produziert wurde. Mit einem Personenwagen der Strecke Mosbach–Mudau (heute Wagen 14 des DEV) und der Dampflok »Bruchhausen« wurde am 2. Juli 1966 der erste historische Eisenbahnverkehr der Bundesrepublik Deutschland angeboten.

Das Bahnhofsgelände in Bruchhausen-Vilsen wurde in der Folgezeit für den Museumsbetrieb entsprechend ausgeweitet und mit Abstellgleisen sowie 1970 mit einer ersten Fahrzeughalle versehen. Da im Herbst 1967 die Fristen der »Bruchhausen« abliefen, wurde dem Verein seitens der VGH die bauartgleiche »Hoya« angeboten, die in Syke hinterstellt war und im Aw Bremen-Sebaldsbrück für den DEV aufgearbeitet werden konnte. Die »Bruchhausen« setzte man daraufhin nicht mehr instand, sondern stellte sie 1971 am Bahnhof als Denkmal auf. Die »Hoya« wurde nach ihrem Fristablauf 1996 u. a. im Dampflokwerk Meiningen einer umfassenden Reparatur unterzogen und dabei bis 2006 die Wasserkästen, das Führerhaus und der Kessel komplett erneuert. Gut hundert weitere historisch wertvolle Fahrzeuge kamen im Laufe der Jahrzehnte hinzu und konnten in Eigenarbeit restauriert werden.

Eigene Strecke

Seit dem 7. Juni 1969 fahren die Museumszüge über Heiligenberg hinaus bis nach Asendorf. Bis dorthin war bisher noch planmäßiger Güterverkehr erfolgt, allerdings ließ die Gemeinde Asendorf den Bahnhof 1973/74 um wichtige historische Bauten und Bahnanlagen reduzieren. 2008/09 hat der Verein damit begonnen, die Endstation wieder zu erweitern und ein neues Bahnhofscafé zu betreiben. Der einständige Asendorfer Lokschuppen ist aus alter HSA-Zeit erhalten geblieben.

Auch im Bahnhof Bruchhausen-Vilsen gab es Veränderungen, als die VGH ein Anschlussgleis zur Genossenschaft auf Normalspur umbauen ließ und damit die Museumszüge vom Bahnsteig am Empfangsgbäude verdrängte. Daraufhin nahmen die Hobbyeisenbahner 1972/73 selbst Umgestaltungen am Gleisbild vor und schufen einen neuen Bahnsteig mit Umsetz- und Rangiergleisen. Schon am 21. September 1973 ging die Strecke mit Hilfe der Gemeinden für 154.000 DM in das Eigentum des Fleckens Bruchhausen-Vilsen über, nachdem die VGH den verbliebenen Güterverkehr nach Asendorf bereits am 23. August 1971 eingestellt hatte. Da auch deren Betriebskonzession am 27. April 1983 erlosch, übernahm der Flecken Bruchhausen-Vilsen die Betriebsführung der Strecke und übertrug sie zugleich dem DEV, so dass die Museums-Eisenbahn den Status einer selbständigen Nichtbundesei-

Triebfahrzeuge Deutscher Eisenbahn-Verein

Triebfahrzeug	Bauart	Baujahr	Hersteller	Bemerkungen
Bruchhausen	Cn2t	1899	Hanomag	Original-HSA-Lok; 1966–1967 Einsatz bei Museums-Eisenbahn, seit 1971 Denkmal in Bruchhausen-Vilsen
Hoya	Cn2t	1899	Hanomag	Original-HSA-Lok, 1968 übernommen; 1996–2006 umfassend erneuert, teilweise in Meiningen
Hermann	Cn2t	1911	Hohenzollern	vormals Lok 15 »Hermann« der Kreis Altenaer Eisenbahn; 1968 übernommen, seit 1979 betriebsfähig; 2007–2016 umfassend erneuert
Plettenberg	Bh2t	1927	Henschel	Kastendampflok, vormals Lok 3 der Plettenberger Kleinbahn; 1968 übernommen, seit 1991 betriebsfähig
Spreewald	1'Cn2t	1917	Jung	vormals Lok 23 der Pillkaller Kleinbahn, ab 1952 als 99 5633 auf der Spreewaldbahn im Einsatz; 1971 aus der DDR übernommen, 1992–1995 in den Ursprungszustand zurückversetzt
Franzburg	Bn2t	1894	Vulcan	vormals Franzburger Kreisbahn (99 5605 der DR); 1980 übernommen, seit 1982 betriebsfähig
7s	B'Bn4vt	1897	Karlsruhe	vormals Albtalbahn, 1995 übernommen; Malletlok, in Aufarbeitung
V 1	Bdh	1941	Krupp/ Gmeinder	vormals Rendsburger Kreisbahn; 1979 übernommen, seit 1980 betriebsfähig
V 2	Bdm	1957	Schöma	vormals Inselbahn Spiekeroog, dort von 1981 bis 2000 Denkmal; in Aufarbeitung
V 3	Bdh	1954	Deutz	vormals Euskirchener Kreisbahnen bzw. ab 1966 VGH; seit 1982 betriebsfähig
V 4 »Emden«	Bde	1942	Henschel	vormals Borkumer Inselbahn; 1988 übernommen und von 900 auf 1000 mm umgespurt; betriebsfähig
V 29	B'B'dh	1952	Jung	vormals Meckenheim–Mundenheim und Nagold–Altensteig; 1981 an DGEG, ab 1989 nach Auflösung des Museums Viernheim in Bruchhausen-Vilsen hinterstellt; 1997 vom DEV übernommen und seit 2002 betriebsfähig
T 41	A'A'	1932	Wismar	Bauart »Hannover«; vormals Steinhuder Meer-Bahn, 1966 übernommen, seit 1971 betriebsfähig
T 42	(1A)'(A1)'	1939	Dessau	vormals Franzburger Kreisbahn, VT 137 532 (DR); 1974 übernommen, betriebsfähig
T 43	2'B'	1925	AEG	vormals Rendsburger Kreisbahn und Sylter Inselbahn, 1981 von Selfkantbahn übernommen; unbetriebsfähig
T 44	(1A)'(A1)'	1950	Talbot	vormals Euskirchener Kreisbahn und Juister Inselbahn; 1982 übernommen, seit 1988 betriebsfähig
T 45	B'2'	1933	Wismar	vormals Kreisbahn Emden–Pewsum–Greetsiel, Inselbahnen Spiekeroog und Wangerooge; 1996 übernommen
T 46	Bo	1931	Oerlikon	vormals Meiringen–Innertkirchen-Bahn (Schweiz); 1979 übernommen, 1986–2004 betriebsfähig

Triebfahrzeuge DEV Normalspur

Triebfahrzeug	Bauart	Baujahr	Hersteller	Bemerkungen
V 36 005	Cdh	1944	Deutz	Vormals wirtschaftl. Forschungsges. (WiFo), DB V 36 237, VGH V 36 005
V 241	Bdh	1959	Gmeinder	Köf III (DB 332 002)
T 1	A1dm	1936	Gotha	vormals VGH
T 2	(1A)'(A1)'dm	1956	Esslingen	vormals Niebüll–Dagebüll
T 3	(1A)'(A1)'dh	1959	MaK	vormals Osthannoversche Eisenbahnen

Ein Zug mit der Dampflok »Hoya« und zwei originalen HSA-Wagen am Zugschluss am 8. August 2021 in der Zwischenstation Heiligenberg.

genen Eisenbahn (NE) erhielt. Dazu erweiterte der Verein 1985 seine Fahrzeughalle durch einen seitlichen und hinteren Anbau auf 310 Meter Länge.

Auch auf der Normalspurstrecke engagierte sich der Verein fortan, um mit dem T 1 der VGH Zubringerdienste anzubieten. Da die Strecke Ende der achtziger Jahre sehr marode war, gelang erst 1992/93 eine grundlegende Sanierung des Abschnitts Bruchhausen-Vilsen–Eystrup. Dadurch war es auch wieder möglich, auf Dreischienengleisen bis an das Bruchhausen-Vilsener Empfangsgebäude heranzufahren. Allerdings blieb der Teil nach Syke ab 1991 gesperrt. Erst im Jahr 2006 gelang seine Reaktivierung für 1,6 Mio. Euro.

Eigenes Konzept

Wurden 1966 erst 1.139 Personen befördert, waren es 1994 bereits 47.297. Der Einfluss des Vereins stieg stetig und hat sich in der schmalspurigen Museumslandschaft eine unvergleichliche Stellung erarbeitet. Dadurch, dass früh damit begonnen wurde, historisch wertvolle Fahrzeuge und Materialien zu sammeln, kann eine einzigartige Kleinbahn-Atmosphäre präsentiert werden. Das Konzept sieht vor, den lebendigen Bahnbetrieb im Stil der Zeit vor dem Zweiten Weltkrieg zu präsentieren, weshalb die Fahrzeuge in vielen Fällen nicht im letzten Betriebszustand erhalten, sondern aufwändig restauriert werden. Die Dampflokomotiven sind grün/schwarz lackiert und tragen Namen. An der ehemaligen DR-Lok 99 5633 der Spreewaldbahn wurden nach und nach die meisten Einrichtungen aus der DR-Zeit entfernt und das Führerhaus in den ursprünglichen Zustand zurückgesetzt. Die Dampflok »Franzburg« hat ebenso nie einen Namen getragen wie die Kastendampflok »Plettenberg«, an der zudem die ursprünglich vorhandenen Normalspurpuffer für den Verschub von Regelspurwagen auf Dreischienengleisen für den Museumsbetrieb entfernt, 2023 aber wieder angefügt wurden. Lok »Hermann« der ehemaligen Kreis Altenaer Eisenbahn trug nie eine grüne Lackierung.

Aber gerade dieses ganzheitliche Konzept im Stil eines eigenen öffentlichen Betriebes macht den Charme der Kleinbahn in der reizvollen Geestlandschaft aus. Eine kombinierte Rollbock-/Rollwagengrube, Drehscheibe, Bahnhofcafé und Werkstatt in Bruchhausen-Vilsen zeigen, welche Bedeutung sich der Verein durch Eigenleistung erarbeitet hat. Hinter Bruchhausen-Vilsen führt die Strecke noch einige Kilometer durch den Ort Vilsen mit dem neu errichteten Bahnhof Vilsen Ort (früher Haltepunkt »Fischteiche«) und taucht dann ab Wiehe-Kurpark ins hügelige Vilser Holz ein. Am Ende des Waldes liegt der Landbahnhof Heiligenberg mit Ladestraße und Güterschuppen, der heute für Zugkreuzungen genutzt wird und inzwischen eine weitere Fahrzeughalle mit Abstellgleisen beherbergt. Von dort aus geht es entlang der Bundesstraße 6 etwa vier Kilometer bis zum Endbahnhof Asendorf. Mit vereinseigenen Normalspurtriebwagen werden außerdem Zubringerfahrten auf der VGH-Strecke angeboten.

Lange Tradition

Die VGH besorgt noch heute den Busverkehr in der Region. Die Vorgängergesellschaft Klb. HSA wurde am 16. November 1897 gegründet und baute bis zum 6. Juni 1900 die 39,8 Kilometer lange Strecke vom Staatsbahnhof Syke an der Hauptbahn Bremen–Osnabrück nach Hoya an der Weser. Am 1. Juni 1905 folgte die Einweihung der 3,2 km langen Stichstrecke von Hoya nach Bücken. 1924

OBEN: Dampflok »Spreewald« kommt aus dem Vilser Holz und befährt die Steigung vor Heiligenberg.
MITTE: Am 30. Juli 2016 befördert die Kastendampflok »Plettenberg« einen Rollwagenzug durch Vilsen Ort.

Deutscher Eisenbahn-Verein e.V.

Bahnhof 1 • 27305 Bruchhausen-Vilsen
Tel. 04252 9300-0
info@museumseisenbahn.de
www.museumseisenbahn.de

RECHTS: Am Tag des Eisenbahnfreundes finden regelmäßig Güterzug-Vorführungen statt. Hier pausiert die V 1, ehemals Rensburger Hafenbahn, auf dem Abstellgleis in Heiligenberg.

Dampflok »Hermann« muss in Asendorf für die Rückfahrt umsetzen.

übernahm das Landeskleinbahnamt die Betriebsführung der Klb. HSA, die aber am 1. Oktober 1959 wieder in die Selbstständigkeit entlassen wurde, worauf die Umspurung erfolgte. Nur die Stichstrecke nach Bücken wurde am 1. August 1960 für den Personenverkehr und mit der Umspurung am 1. Mai 1963 auch für den Güterverkehr aufgegeben.

Die Hoyaer Eisenbahn-Gesellschaft (HEG) nahm ihre 6,9 km lange Stammstrecke von Eystrup nach Hoya auf der anderen Weserseite am 23. November 1881 in Betrieb. Die hannoversche Firma Vering (später Vering & Waechter, Berlin) führte den Bau durch. Am 6. Oktober 1912 wurde die 140 Meter lange Weserbrücke, die HEG und HSA in Hoya verbinden sollte, eingeweiht. Sie wurde am 7. April 1945 wegen der vorrückenden Alliierten gesprengt, doch bis zum 17. Oktober 1947 wieder aufgebaut.

Von der Steinhuder Meer-Bahn stammt der T 41, das berühmte »Schweineschnäuzchen«.

OBEN: Der vierachsige T 42 stammt von der Franzburger Kreisbahn.

OBEN LINKS: Ein originaler Zug der Hoya–Syke–Asendorfer Eisenbahn dampft auf dem Dreischienengleis vor dem Bahnhof Bruchhausen-Vilsen, 30. Juli 2016.

OBEN RECHTS: Frühlingsatmosphäre im Vilser Holz mit Dampflok »Hermann«. Nach langer Aufarbeitungszeit kam sie 2016 wieder in Fahrt.

OBEN: Dampfloktreffen vor der Fahrzeughalle in Bruchhausen-Vilsen anlässlich des 50-jährigen Bestehens der Museums-Eisenbahn 2016.

LINKS: Die V 3 war schon früher in der Grafschaft Hoya eingesetzt. Hier steht sie mit einem kurzen Zug in Heiligenberg.

Denkmäler in Niedersachsen und Bremen

OBEN: Bei Neu-St. Jürgen erinnert ein Feldbahn-Denkmal an die vielen schmalspurigen Torfbahnen im Moorgebiet zwischen Elbe und Weser.

RECHTS: Eines der wenigen Überbleibsel der schon 1938 abgebrochenen Kehdinger Kreisbahn ist dieser Wagenkasten im Technik- und Verkehrsmuseum Stade. Hier am 5. Juli 2009.

LINKS: Die Lok 1 der ehemaligen Schmalspurbahn Bremen–Tarmstedt steht in Bremen-Findorff als Denkmal. Sie ist eine Vertreterin der typischen Dreikuppler-Bauart, die Hanomag um 1900 für die norddeutschen Schmalspurbahnen baute. Hier am 11. März 2015. Foto: Jennifer Kanaan

In Harlesiel an der Nordseeküste erinnert seit 1997 eine 1940 gebaute Deutz-Diesellok an ihre Einsätze für die Wehrmacht auf Helgoland sowie nach dem Krieg für die Spiekerooger Inselbahn, die 1981 stillgelegt wurde. Auch auf Juist fährt heute keine Bahn mehr.

Diese Diesellok in Pewsum steht symbolisch für die meterspurige Kleinbahn von Emden nach Greetsiel, obwohl dieser Loktyp hier nie eingesetzt gewesen ist. (2013)

Mecklenburg-Vorpommern

Entlang der Steilküste fährt die Bäderbahn am 3. Mai 2020 durch blühende Rapsfelder. Im Hintergrund ist noch das Ostseebad Kühlungsborn zu sehen. Foto: MBB Molli GmbH

Mit »Molli« an die Ostsee: Bad Doberan–Kühlungsborn West (900 mm)

Schon 1881 gab es die Diskussion, das 1793 gegründete erste deutsche Seebad Heiligendamm mit Straßen-Dampfwagen an Doberan anzuschließen. Allerdings waren die Möglichkeiten einer Eisenbahnlinie zwischen der Doberaner Regelspurstrecke Rostock–Wismar und dem Ostseebad vielfach größer, die Qualität der Badeorte als gut erreichbare Urlaubsziele zu verbessern. Die Projektierung sollte die Bauunternehmung Lenz & Co. übernehmen, und mit einer Konzession für 15 Jahre begann die Firma 1886 mit den Bauarbeiten. Bereits nach sechswöchiger Bauzeit konnte am 9. Juli 1886 die 6,61 Kilometer lange Verbindung mit der ungewöhnlichen Spurweite von 900 mm in Betrieb genommen werden.

Als reine Sommer-Straßenbahn ausgeführt, genügte zunächst der saisonale Bäderbetrieb vom 1. Juni bis zum 30. September mit zwei zweiachsigen Trambahnlokomotiven, acht Personen- und einem Gepäckwagen. Am 30. März 1890 wurde die Schmalspurstrecke allerdings vom Staat aufgekauft und der Mecklenburgischen Friedrich-Franz-Eisenbahn (MFFE) untergeordnet. Die MFFE machte die Bahn schließlich zu dem, was sie heute ist: 1908 gab sie dem Drängen der um Heiligendamm liegenden Badeorte nach und ließ die Strecke bis zum 12. Mai 1910 nach Arendsee verlängern. Und auch der ganzjährige Betrieb samt Güterverkehr ließ gute Geschäfte erwarten. Somit war es nun möglich, von Bad Doberan bis zum 15,4 Kilometer entfernten Ort Arendsee (später Kühlungsborn West) mit täglich verkehrenden Zügen durchzufahren.

Am 1. April 1920 übernahm die Deutsche Reichsbahn die Strecke und brachte sogar Umspurungspläne in die Diskussion, die die Weltwirtschaftskrise allerdings verhinderte. Die Alternative war dann 1930/31 die Modernisierung des Oberbaus und der Fahrzeuge, um den Komfort zu verbessern. 1938 schlossen sich die Orte Fulgen, Brunshaupten (Ost) und Arendsee (West) zur Stadtgemeinde Kühlungsborn zusammen.

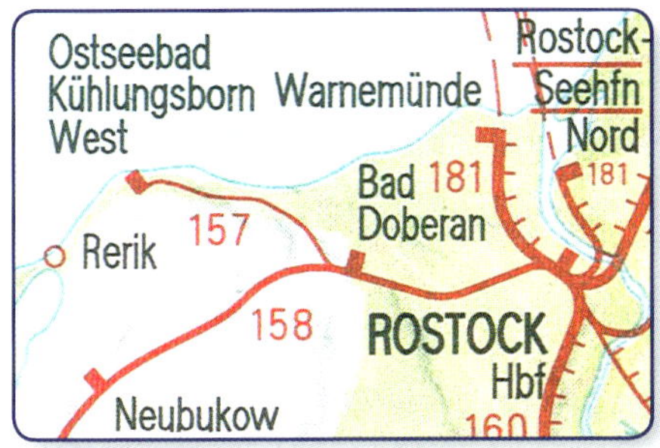

»Molli« in der DDR

Zurückgehend auf einen Mops namens »Molli«, der einem Zug hinterherlief und von seinem Frauchen zurückgerufen wurde, woraufhin der gesamte Zug bremste, als hätte er auf den Namen des Hundes gehört, bürgerte sich in der Bevölkerung schnell der Spitzname »Molli« ein. Er wurde nach dem Krieg vor allem von den Reichsbahnern gebraucht, die die DR auf den »Molli«-Stationen ausbildete. Da Zugkreuzungen auf der kurzen Strecke in der Regel nur in Heiligendamm oder Kühlungsborn Ost stattfinden, wurde zur Simulation vermehrter Zugkreuzungen der stillgelegte Bahnhof Rennbahn bis zum Ende der Ausbildungsära 1956 wiedereröffnet. Danach blieb er bis 1960 ein Haltepunkt und erlebte erst am 7. August 1993 eine erneute Renaissance.

Rollbockverkehr hatte es wegen der engen Ernst-Thälmann-Straße in Bad Doberan (heute »Mollistraße«) auf dieser Bahn nie gegeben. Dadurch stiegen die Kosten bei der Umladung in Bad Doberan erheblich und führten ab dem Sommerfahrplan 1969 zur Einstellung des Güterverkehrs. In Bad Doberan gibt es lediglich eine Umsetzanlage zum Verladen der schmalspurigen Fahrzeuge auf die Regelspur.

In Strandnähe von Heiligendamm-Steilküste wurde zum 1. Juni 1969 ein Haltepunkt für die Sommersaison eingerichtet, der sofort starken Zulauf hatte. Trotzdem stellte die Reichsbahn auch diese Strecke aus Wirtschaftlichkeitsgründen und

Mecklenburgische Bäderbahn Molli GmbH
Am Bahnhof • 18209 Bad Doberan
Tel. 038293 431337
www.molli-bahn.de

im Zuge ihres Nebenbahn-Bereinigungsprogramms zur Disposition: Bis Mitte der siebziger Jahre sollte sie verschwunden sein. Erst der wachsende Widerstand in der Bevölkerung bewegte den Minister für Verkehrswesen der DDR 1973 dazu, die Strecke unter Denkmalschutz zu stellen und für den Tourismus zu erhalten.

Nach der Wende 1989 konnte die Reichsbahn grundsätzlich kaum die Rentabilität der Strecke monieren, denn man beförderte noch im gleichen Jahr 1.250.000 Personen, ein Drittel davon Berufspendler, und fuhr für den Schüler- und Tagesausflugsverkehr im Sommer mit bis zu 14 Wagen. Erst 1993 gingen die Zahlen stark zurück, weil viele Ferienheime saniert wurden und mehr Pendler, trotz 15 Zugpaaren täglich, ihre Pkw benutzten. Im Herbst 1994 fasste die DB AG schließlich den Entschluss, alle Bahnen bis zum 1. Januar 1996 stillzulegen oder zu privatisieren. Eine Lösung musste her, und die Bevölkerung bewies einmal mehr ihre Solidarität: Am 20. Juni 1995 stand die Übernahme der

Ein markantes Motiv der Strecke: Der Zug schlängelt sich durch die Straßen in Bad Doberan.

Triebfahrzeuge Bad Doberan–Kühlungsborn

Triebfahrzeug	Bauart	Baujahr	Hersteller	Bemerkungen
99 2321	1'D 1'h2t	1932	Orenstein & Koppel	Einheitslok; Original-Molli-Fahrzeug
99 2322	1'D 1'h2t	1932	Orenstein & Koppel	Einheitslok; Original-Molli-Fahrzeug
99 2323	1'D 1'h2t	1932	Orenstein & Koppel	Einheitslok; Original-Molli-Fahrzeug
99 2324	1'D 1'h2t	2008	Dampflokwerk Meiningen	Neubaulok
99 2331	Dh2t	1951	LKM Babelsberg	ehemalige Wismut-Industrielok für Reservedienste
99 2332	Dh2t	1951	LKM Babelsberg	ehemalige Wismut-Industrielok; inzwischen Denkmal des Museums am Bahnhof Kühlungsborn West
199 014	Cdm	1962	LKM Babelsberg	V 10 C für Rangierdienste; im Jahr 1999 erworben
199 015	Cdm	1962	LKM Babelsberg	V 10 C; im Jahr 2000 erworben, Eigentum des Vereins für Traditionspflege des Molli
199 016	Cdm	1962	LKM Babelsberg	V 10 C für Rangierdienste; im Jahr 2000 erworben
199 017	Cdm	1962	LKM Babelsberg	V 10 C für Bauzugdienste; im Jahr 2000 erworben; ausgemustert

Strecke durch den Landkreis Bad Doberan fest. Zum 1. Oktober 1995 hätte dann die Küstenbus GmbH »Molli« erwerben sollen, doch man entschied noch rechtzeitig, die Mecklenburgische Bäderbahn Molli GmbH & Co. KG mit dem Landkreis als Gesellschafter neu zu gründen. Auch eine Interessengemeinschaft Bäderbahn e.V. leistete hervorragende Arbeit und initiierte sogar den Aufbau eines Eisenbahnmuseums im Güteranbau des Endbahnhofs Ostseebad Kühlungsborn West. Bis heute bieten zwei Zuggarnituren täglich stündliche Abfahrtszeiten an, und es gibt sogar Überlegungen, die Strecke bis Rerik und Warnemünde zu verlängern.

Unveränderte Fahrzeugmittel

Seit 1932 sind die drei schnittigen 1'D 1'h2t-Einheitslokomotiven 99 2321, 99 2322 und 99 2323 die Hauptstütze des Betriebs. 1961 kamen drei D-Kuppler aus Wismut-Beständen hinzu, die im Raw Görlitz für den Streckeneinsatz umfassend umgebaut wurden. Von ihnen sind noch 99 2331 für den Reservezug-

Am Morgen des 7. Februar 2023 startet der Bäderzug in Bad Doberan auf der Fahrt nach Kühlungsborn. Foto: Stefan Weiß

dienst und 99 2332 als Ausstellungslok im Bahnhof Kühlungsborn West vorhanden. Im Sommer 2009 stellte die Mecklenburgische Bäderbahn außerdem die Neubaulok 99 2324 vor, die im Dampflokwerk Meiningen nach den Plänen der Einheitslokomotiven entstanden war und im Betrieb ökonomischer und flexibler ist. Sie sieht den alten Maschinen zum Verwechseln ähnlich und hat ihre Nummer nach dem gleichen System erhalten.

Betriebsmittelpunkt der Strecke ist das Ostseebad Kühlungsborn West in Bahnkilometer 15,4, wo sich das größte Empfangsgebäude, die Lokeinsatzstelle und der Lokschuppen mit Werkstatt befinden. Der malerisch und zugleich idyllisch gelegene Endpunkt zeichnet sich durch hohe Bäume und eine urige Empfangshalle aus, die man in dieser Form nur bei Kleinbahnen findet und die erahnen lassen, dass Arendsee einst ein gemütlicher Badeort war und noch heute ist. Besonders im Sommer hat die 900-mm-Bahn ihren ganz eigenen Reiz. In der Stadt Bad Doberan existieren hingegen der Regelspuranschluss und neu errichtete Hallen, in denen die Mecklenburgische Bäderbahn ihr Wagenmaterial unterstellt und repariert. Berühmt ist Bad Doberan für die enge Ortsdurchfahrt, die der »Molli« zwischen Goethestraße und Alexandrinenplatz passieren muss.

OBEN: Fachgespräche am Bahnsteig von Bad Doberan am 20. September 2022. Die schnittige 99 2322 macht im Profil eine gute Figur.

UNTEN: Für Rangierdienste in den Endbahnhöfen stehen Diesellokomotiven zur Verfügung, hier 199 016 mit dem Salonwagen in Bad Doberan an der Fahrzeughalle.

Ein schönes Motiv ist die Kirche Heiligendamm, hier im Februar 2022. Die vierachsige Wismut-Lok 99 2331 ist noch im regulären Einsatz, ihre Schwester steht als Denkmal am Güterschuppen in Kühlungsborn West. Foto: Stefan Weiß

Frühling auf Rügen am 22. März 2023. Die Lok 99 4633 trägt mittlerweile ihr altes Farbkleid aus der Privatbahnzeit. Hier fährt sie durch die Hügel der Granitz.

Auf Deutschlands größter Insel: Die Rügensche Kleinbahn Putbus–Göhren (750 mm)

Der »Rasende Roland«, die 24,4 Kilometer lange Strecke Putbus–Göhren, ist ein Überbleibsel des einst umfangreichen Schmalspurbahnnetzes auf der Insel Rügen. Nach der Erschließung der Insel durch das normalspurige Staatsbahnnetz (am 1. Juni 1883 durch die Strecke Altefähr–Bergen, gefolgt am 15. August 1889 von der Nebenbahn nach Putbus, die am 15. Mai 1890 bis Lauterbach verlängert wurde) entstand das Klein- und Feldbahnnetz durch den Einfluss reicher Großgrundbesitzer, die eine Anbindung an ihre Höfe wünschten.

Der Fürst zu Putbus war an der Entstehung der Linie Altefähr–Putbus–Göhren beteiligt, mit der 1893 die Stettiner Bau- und Betriebsgesellschaft Lenz & Co. beauftragt wurde. Am 26. Februar 1895 gründete sie die Rügensche Kleinbahn-AG (RüKB), die im Frühjahr 1895 mit den Bauarbeiten begann und schon am 21. Juli 1895 die ersten Züge Putbus–Binz einsetzte. Die Bauarbeiten nach Sellin wurden nicht lange hinausgezögert und trotz extensiver Erdarbeiten in der Granitz schnell vorangetrieben. Am 23. Mai 1896 fuhren die Züge bis zum vorläufigen Endpunkt Sellin Ost, und am 4. Juli 1896 war auch der Abschnitt von Putbus nach Altefähr fertiggestellt. Die Verlängerung von Sellin nach Göhren folgte am 13. Oktober 1899.

Die Nordstrecke der Rügenschen Kleinbahn verlief von Bergen nach Altenkirchen und wurde am 20. Dezember 1896 bei Schneetreiben eröffnet. Die im Verlauf der Strecke befindliche, etwa 200 Meter breite Meerenge Wittower Bodden musste dabei mit Trajektschiffen überwunden werden. Die Fährschiffe »Jasmund« und »Wittow« stellten fortan die Verbindung zwischen den Bahnhöfen Fährhof und Wittower Fähre her.

Bäderverkehr

Durch die Schmalspurbahn nahm die Beliebtheit der Badeorte gerade bei der »gehobenen« Gästeschaft erheblich zu. In ihrem Einzugsbereich wies der Abschnitt

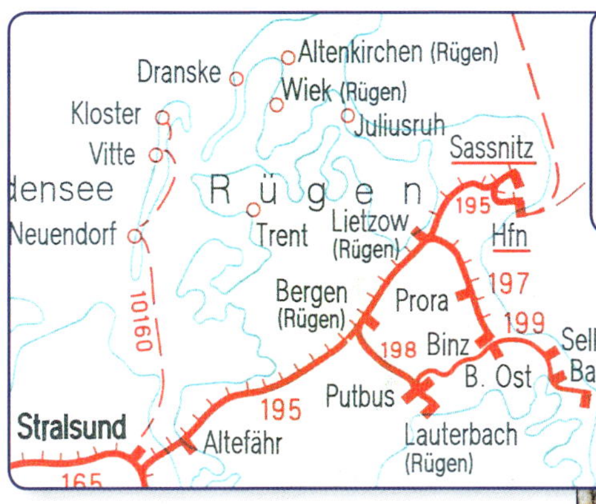

ZNL Rügensche BäderBahn
Bahnhofstraße 14 • 18581 Putbus
Tel. 038301 884012
ruegen@pressnitztalbahn.com
www.ruegensche-baederbahn.de

Putbus–Göhren schon bald den stärksten Personenverkehr auf, während die anderen Strecken vor allem zur Erntezeit im Güterverkehr dominierten.

Zum 1. April 1910 gab die Firma Lenz & Co. die Verwaltung an die Provinz Pommern ab. Danach folgten diverse Modernisierungsmaßnahmen, die die Gleisanlagen, den Fährbetrieb und den Bahnhof Putbus betrafen, der anstelle der bisher niveaugleichen Kreuzung mit der Staatsbahnstrecke Bergen–Lauterbach nun ein Überführungsbauwerk erhielt. Dieses Bauwerk steht noch heute, nach der Demontage des Streckenabschnitts Putbus–Altefähr, in der Landschaft.

Die alte Eisenbahnfähre, die auf der Nordstrecke den Wittower Bodden überbrückte, soll zukünftig in Lauterbach Mole Fahrgäste befördern.

Am 1. April 1920 ging die Betriebsführung an die Vereinigung Vorpommerscher Kleinbahnen GmbH mit Sitz in Stralsund über, zum 1. April 1949 schließlich an die Deutsche Reichsbahn, die die Strecke mit sächsischem Fahrzeugmaterial modernisierte.

Durch die technischen Fortschritte in der Landwirtschaft ging der Güterverkehr

99 4652 fährt heute wieder. Zwischen 1994 und 2015 stand sie zur Erinnerung an die früheren Linien des 750-mm-Netzes im Bahnhof Putbus als Denkmal.

Im Bahnbetriebswerk Putbus pausiert die traditionsreiche Köf 6003 neben der 99 4011 aus Mansfeld.

Von der stillgelegten österreichischen Töhrlerbahn Kapfenberg–Au-Seewiesen wurde die ehemalige DB-Diesellok 251 901 für Reservedienste nach Rügen geholt. Hier in Putbus.

UNTEN: Die kleine ehemalige Denkmallok 99 4603 (links) zeigt exemplarisch, wie die ersten Lokomotiven auf Rügen aussahen. Heute steht sie als 99 4621 in Magdeburgerforth. Auch die sächsische IV K dampfte einst auf der Insel. Die 99 1594 rechts ist mittlerweile im Preßnitztal unterwegs. Putbus im Oktober 2009.

Triebfahrzeuge Rügensche Bäderbahn

Triebfahrzeug	Bauart	Baujahr	Hersteller	Bemerkungen
99 1781	1'E 1'h2t	1935	LKM Babelsberg	sächsische Neubaulok; Ende 2010 von der Preßnitztalbahn an Rügen abgegeben, seit Herbst 2011 im Einsatz
99 1782	1'E 1'h2t	1953	LKM Babelsberg	sächsische Neubaulok; seit 1984 im Einsatz
99 1783	1'E 1'h2t	1953	LKM Babelsberg	sächsische Neubaulok; Eigentum der PRESS, zwischen 2000 und 2007 sowie seit 2020 im Einsatz auf Rügen
99 1784	1'E 1'h2t	1953	LKM Babelsberg	sächsische Neubaulok; seit 1983 im Einsatz
99 4632	Dh2t	1914	Vulcan	Original-RüKB-Lok; ehemalige 52 Mh
99 4633	Dh2t	1925	Vulcan	Original-RüKB-Lok; ehemalige 53 Mh; verkehrt für Traditionszüge in grüner Lackierung
99 4652	Cn2	1941	Henschel	ehemalige Heeresfeldbahn-Schlepptenderlok, Typ HF 110 C; von 1964 bis 1968 vor allem auf der Nordstrecke eingesetzt, ab 1994 zunächst Denkmal in Putbus, im Eigentum des Fördervereins zur Erhaltung der Rügenschen Kleinbahnen e.V., 2015 aufgearbeitet, derzeit abgestellt
99 4801	1'Dh2t	1938	Henschel	vormals Burger Schmalspurbahnen (KJI), 1965 übernommen; betriebsfähig
99 4802	1'Dh2t	1938	Henschel	vormals Burger Schmalspurbahnen (KJI), 1965 übernommen; betriebsfähig
99 4011	Dh2t	1931	Orenstein & Koppel	vormals Lok 7 der Mansfelder Bergwerksbahn, seit 2003 auf Rügen, seit 2008 im Zugdienst
251 901	B'B'	1964	Gmeinder	1999 von der österreichischen Strecke Kapfenberg–Au-Seewiesen übernommen, in der Sommersaison im Zugdienst zwischen Lauterbach Mole und Putbus
Köf 6003	Cdm	1944	Gmeinder	1964 zusammen mit einer Schwesterlok von Jüterbog–Luckenwalde bzw. Kreisbahn Rathenow übernommen

in der Folge stark zurück und beeinträchtigte ab Mitte der sechziger Jahre auch den Personenverkehr. Aufgrund mangelnder Wirtschaftlichkeit wurde zum 3. Dezember 1967 der Zugbetrieb zwischen Altefähr und Putbus sowie am 11. Dezember 1967 der Güterverkehr Putbus–Göhren eingestellt. Am 10. September 1968 erfolgte die Stilllegung des landschaftlich reizvollen Abschnitts Altenkirchen–Fährhof sowie anlässlich von Schneeverwehungen am 18. Dezember 1969 die Betriebseinstellung zwischen Bergen und Wittower Fähre. Es blieb die Zustellung sporadischer Wagenladungen von Bergen nach Trent bis 1971, danach nur noch der Personenverkehr Putbus–Göhren.

Auch er sollte bis 1976 eingestellt werden, doch gab es seitens der betroffenen Kreise mehr und mehr Protest. Auf Basis des 1975 verabschiedeten Denkmalschutzgesetzes der DDR fiel deshalb die Entscheidung, die Strecke Putbus–Göhren unter Denkmalschutz zu stellen und damit zu erhalten.

Neue Besitzverhältnisse

Nach der politischen Wende war die Bäderbahn wieder verstärkt Urlaubsziel der Deutschen, da der noch immer durchgeführte Betrieb mit Dampflokomotiven anfangs als neuentdeckte Attraktion galt. Mit dem restaurierten Traditionszug und einem Ausstellungsareal in Putbus konn-

Einen kompakten Gesamteindruck machen die beiden 1'D-Lokomotiven 99 4801 und 99 4802. Sie wurden in den 1960er-Jahren von der Reichsbahn modernisiert, als sie noch auf dem Burger Schmalspurbahnnetz unterwegs waren. Die Nieten sind nur aufgeklebt.

te dem Rechnung getragen werden. Die innerbetrieblich bereits 1992/93 vollzogene Umstellung des Betriebsleitbildes auf Nostalgiebasis war bedeutend für die zum 1. Januar 1996 durchgeführte Regionalisierung, die die »Rügensche Kleinbahn GmbH & Co.« als Gesellschafter hervorbrachte.

Am 28. Mai 1999 konnte in der Regelspurstrecke von Putbus zum Hafen Lauterbach ein 2,6 Kilometer langes Dreischienengleis installiert werden, so dass die Züge seither saisonal über Putbus hinaus bis nach Lauterbach Mole zu den Ausflugsschiffen fahren. Außerdem besorgen normalspurige Nahverkehrstriebwagen den Zubringerdienst von Bergen nach Putbus und Lauterbach Mole. Am 14. August 2005 stießen im Bahnhof Binz wegen einer falsch gestellten Weiche zwei Züge zusammen, wobei 24 Reisende verletzt wurden.

Im März 2008 ging die Betriebsführung an die Eisenbahn-Bau- und Betriebsgesellschaft Preßnitztalbahn (PRESS) über. Dadurch wurden der Fortbestand nachhaltig gesichert und eine bundesweite Werbung garantiert. Seit der Übernahme firmiert die Schmalspurbahn nunmehr als Rügensche BäderBahn (RüBB), wodurch sich abermals die Beschriftungen an den grün/beige lackierten Wagen änderten.

Großzügige Umgestaltungsmaßnahmen am Bahnhof Putbus weisen in eine glänzende Tourismus-Zukunft. Dazu gehörte zunächst, ein Schmalspurgleis bis an den Normalspurbahnsteig zu verlegen, wodurch das bisherige Abstellgleis für den Denkmalzug entfiel. Bisher starteten die Schmalspurzüge an einem gesonderten Bahnsteig. Ferner entstehen zurzeit neue Hallen und Bürogebäude, um eine Eisenbahn-Erlebniswelt aufzubauen.

99 4011 hat sich gut in die Betriebsmittel der Rügenschen Bäderbahn eingefügt. Die kräftige Dampflok kann auch lange Bäderzüge über die Hügel der Granitz befördern. Oben nimmt sie in Göhren Wasser, rechts fährt sie durch die schöne waldige Natur, unten ist Ausfahrt aus Sellin Ost. April 2023.

Dampfbetrieb

Zu den Stammlokomotiven der RüKB zählen die 99 4632 und 99 4633 (letztere als 53 Mh in grüner Lackierung verkehrend), die als Lenz-Gattung M mit seitenverschiebbaren Achsen beschafft wurden. 1965 kamen 99 4801 und 99 4802 hinzu, die von den Burger Schmalspurbahnen übernommen wurden und beide betriebsfähig sind. Seit 1983 verstärken sächsische Neubaulokomotiven den Zugdienst, und zwar zunächst 99 1782 und 99 1784, die jeweils den Rügenschen Betriebsbedürfnissen angepasst wurden, und ab Februar 2000 die 99 1783, die erst bis Ende 2007 lief und dann ab 2020 wieder. Zwischenzeitlich kam im Herbst 2011 die 99 1781 der Preßnitztalbahn hinzu. Außerdem wurde Lok 7 der Mansfelder Bergwerksbahn übernommen, die mit ihren vier Achsen und der fiktiven Nummer 99 4011 gut ins Erscheinungsbild passt.

Von 2015 bis 2023 wieder betriebsfähig war die Schlepptenderlok 99 4652 (Förderverein zur Erhaltung der Rügenschen Kleinbahnen e. V.), die bis dahin als Denkmal in Putbus gestanden hat und früher auf der Nordstrecke eingesetzt war. Ebenfalls eine ehemalige Heeresfeldbahnlok war die bis 2017 auf Rügen aktive »Aquarius C«, ein schwerer Fünfkuppler der Zillertal- und Jagsttalbahn, die nun wieder in Österreich weilt. 99 4631, die Schwester der beiden Traditionsloks 99 4632 und 99 4633 und bis 2002 Denkmallok in Lehrte, kehrte zwar zeitweilig nach Rügen zurück, ist heute allerdings privat hinterstellt.

Seit 1964 befindet sich die Köf 6003 auf Rügen, eine historisch wertvolle Bauzugdiesellok nach dem Heeresfeldbahntypenblatt HF 130 C. Nach vielen Umbenennungen mit den Nummern 100 901, 199 001 und zuletzt 399 703 hat sie mittlerweile wieder ihre ursprüngliche Bezeichnung. Im Reservedienst läuft seit 1999 zudem die Diesellok 251 901, die zuvor bei den Steiermärkischen Landesbahnen Dienst verrichtete. Sie ist mittlerweile im Blau-Farbton der PRESS lackiert.

Täglich verkehren zwei Zuggarnituren im Zwei-Stunden-Takt auf der Strecke Putbus–Göhren mit Dampf; in der Sommersaison gibt es zusätzliche Züge zwischen Binz und Göhren.

Im Design der Reichsbahn dampft heute 99 4632 über die Insel. Am 21. April 2023 hat sie Einfahrt in Garftitz.

OBEN: Von Garftitz aus ist es nur ein kurzer Weg hinauf zum Jagdschloss Granitz. Auf Seite 68 in diesem Buch ist die Lok 53 Mh noch im Reichsbahn-Kleid zu sehen (als 99 4633).
UNTEN: Bei der Ausfahrt aus Göhren muss 99 4011 mit dem abendlichen Rückzug stark beschleunigen.

Dampffahrten mit einer 1948 gebauten Bn2t-Henschel-lok lockten am 2. Oktober 2011 die Besucher nach Schwichtenberg.

Kleinbahntradition: Mecklenburg-Pommersche Schmalspurbahnen (600 mm)

Von Neubrandenburg an der Hauptbahn Stralsund–Neustrelitz ausgehend erstreckte sich ab 1888 ein umfangreiches 600-mm-Feldbahnnetz über den Betriebsmittelpunkt und Abzweigbahnhof Friedland nach Ferdinandshof und Anklam zur Hauptbahn Stralsund–Pasewalk. Diese Strecken sowie spätere hinzukommende Verbindungen liefen unter der Verwaltung der Mecklenburg-Pommerschen Schmalspurbahnen (MPSB) und wurden nach dem Krieg von der DR übernommen. Die baulichen Anlagen zeichneten sich insbesondere durch massive Empfangsgebäude sowie zwei Ringlokschuppen mit Drehscheiben je in Friedland und Anklam aus – recht ungewöhnlich für diese kleine Spurweite. Doch immerhin umfasste das Netz in seiner Blüte 214 Kilometer und wurde mit 35 Dampflokomotiven betrieben. Das Verkehrsaufkommen setzte sich neben landwirtschaftlichen Transporten vor allem aus Personenzugleistungen zusammen, wodurch die MPSB zu einer »echten« Kleinbahn avancierte. Hierzu standen unter der DR zuletzt fast ausschließlich Schlepptenderlokomotiven mit den Achsfolgen C 1' und D, seltener Zweikuppler zur Verfügung: 99 3351, 99 3352, 99 3353, 99 3361, 99 3451, 99 3461, 99 3462, 99 3651 und 99 3652. Sechs bis zur Betriebseinstellung vorhandene Maschinen blieben auf Museumbahnen in Deutschland, England, den USA und Frankreich erhalten.

Bis 1970 wurde das Kleinbahnnetz vollständig abgebaut, woran sich sofort die Aktivitäten von Eisenbahnfreunden anschlossen. Ab 1971 gab es eine Ausstellung am Bahnhof Friedland, zu der sich 1973 die 99 3352 (vormalige Lok 4 der MPSB) als Exponat gesellte. Aus dieser Kombination wurde dann 1984 ein richtiges Museum, das als Außenstelle des Heimatmuseums besichtigt werden kann. 1996 gründete sich in Schwichten-

Triebfahrzeuge MPSB

Triebfahrzeug	Bauart	Baujahr	Hersteller	Bemerkungen
31	Bdm	1960	LKM	Typ Ns1 mit offenem Führerstand
32	Bdm	1939	Deutz	Typ OMZ 122F
33	Cdm	1955	LKM	Typ Ns2f
34	Cdm	1955	LKM	Typ Ns2f
35	Bdm	1939	Deutz	Typ OMZ 122F
sowie zwei Bdh-Loks (Diema, 1964) als Leihgabe der Stiftung Deutscher Kleinbahnen				

berg der Verein Freunde der MPSB e. V., der 1999 einen Fahrbetrieb auf einem 600 Meter langen Teilstück aufnahm. Im Jahr darauf konnte das Streckenstück auf 2,6 Kilometer nach Uhlenhorst verlängert werden, so dass mit Feldbahn-Dieselloks und einer geliehenen Dampflok mittlerweile ein Saisonverkehr sowie Bahnhofsfeste angeboten werden. Am Bahnhof Schwichtenberg besitzt der Verein eine geräumige Fahrzeughalle.

MITTE: Am Bahnhof Friedland ist die Dampflok 99 3352 in einer Fahrzeughalle ausgestellt. Die kleine Maschine der Bauart C 1'n2t+T wurde 1906 von Jung in Jungenthal gebaut. Nicht ganz historisch ist die komplette grüne Lackierung auch des Kessels.

UNTEN RECHTS: Hinter dem irreführenden Namen »Jacobi« verbirgt sich die Dampflokomotive 99 3351 der MPSB. Sie gelangte 1970 in die USA, kam 1987 zum Museum der La Porte County Historical Society in Michigan und wurde 2000 schließlich vom Frankfurter Feldbahnmuseum nach Deutschland zurückgeholt. Die Aufnahme zeigt sie am 13. Oktober 2007 in der Fahrzeughalle Am Rebstock in Frankfurt.

UNTEN LINKS: Am 2. Oktober 2011 stehen vor der Fahrzeughalle in Schwichtenberg die Dieselloks 33, 32 und eine der beiden Diema-Maschinen auf den von viel Rasen umgebenen 600-mm-Schmalspurgleisen.

MPSB
Zur Kleinbahn 8
17099 Galenbeck/OT Schwichtenberg
info@mpsb.de • www.mpsb.de

Im Rheinland: Westfalen und die Pfalz

Kleinbahndampf in Nordrhein-Westfalen: Die Selfkantbahn (1.000 mm)

An der niederländischen Grenze zwischen Aachen und Mönchengladbach liegt in dem »Selfkant« genannten flachen Landschaftsgebiet die sogenannte »Selfkantbahn«, ein letzter Rest der einst vielen Klein- und Schmalspurbahnen in Nordrhein-Westfalen. Das fünfeinhalb Kilometer lange meterspurige Streckenstück von Geilenkirchen-Gillrath nach Schierwaldenrath ist ein nicht demontierter Teil der ehemaligen Geilenkirchener Kreisbahn (GKB), die am 7. April 1900 den Betrieb auf der 38 Kilometer langen Strecke Alsdorf–Tüddern aufnahm. 1969 wurde der Abschnitt Schierwaldenrath–Gangelt stillgelegt, worauf 1973 das Reststück nach Schierwaldenrath folgen sollte. Dagegen setzte sich die Interessengemeinschaft Historischer Schienenverkehr e.V. (IHS) erfolgreich zur Wehr. Die IHS war 1970 aus dem Verein Westdeutsche Schmalspurbahnen e.V. hervorgegangen, die schon vor der Stilllegungswelle Museumsfahrten auf der Geilenkirchener Kreisbahn anbot. Für den Erhalt und Betrieb des letzten Streckenstücks Gillrath–Schierwaldenrath gründete sie die »Touristenbahnen im Rheinland GmbH«. Auf den Anschluss an den DB-Bahnhof und die alte Werkstatt im ehemaligen Kreis-

bahnhof Geilenkirchen musste sie zwar verzichten, doch schufen die Aktiven ab 1980 mehrere vereinseigene Schuppen, die nun zahlreiche historische Fahrzeuge vor Wind und Wetter schützen. Seit 1971 betrieb die IHS mit der 1956 gebauten Bn2t-Dampflok Nr. 19 (vormals Klöckner-Hütte in Hagen) Nostalgiefahrten auf dem Reststück im Selfkant. Diese Maschine ist mittlerweile abgestellt, anstelle derer aber zahlreiche andere hinzukamen. Oftmals ist die polnische 1'C 1'-Lok »Regenwalde« im Gasteinsatz auf befreundeten Bahnen.

Interessengemeinschaft Historischer Schienenverkehr e.V. (IHS)

Postfach 10 07 02 • 52007 Aachen
Tel. 0241 82369
info@selfkantbahn.de
www.selfkantbahn.de

Hübsche Sommerszenen von der Selfkantbahn:
LINKE SEITE: Die Lok 101 »Schwarzach« befördert einen langen GmP. Sie ist ein Original der Mittelbadischen Eisenbahn AG (MEG).
OBEN: Auch der T 13, der hier in Gillrath steht, stammt von der MEG. Auf dem Bahnsteig wird zum Schein Gepäck verladen.
UNTEN: Hier ruhen sich die Fahrgäste im Schatten eines Baumes aus, während die Dampflok 5 quer auf dem Überweg pausiert. **Fotos: Markus Kaiser/Eisenbahnnostalgie.de**

Triebfahrzeuge Selfkantbahn

Triebfahrzeug	Bauart	Baujahr	Hersteller	Bemerkungen
Lok 4	Bn2t	1899	Henschel	Kastendampflok; 1977 übernommen, abgestellt
Lok 5 »Regenwalde«	1'C 1'h2t	1930	Borsig	polnische Tenderlok, 1984 übernommen
Lok 19	Bn2t	1956	Jung	vormals Klöckner-Hütte, 1971 übernommen; abgestellt
Lok 20 »Haspe«	Bn2t	1956	Jung	vorm. Klöckner-Hütte, 1973 übernommen
Lok 21 »Hagen«	Bn2t	1956	Jung	vorm. Klöckner-Hütte, 1974 übernommen
Lok 46	Bn2t	1897	Grafenstaden	seit 1997 beim Verein; vormals Mittelbadische Eisenbahn-Gesellschaft; abgest.
Lok 101 »Schwarzach«	Bn2t	1949	Krauss-Maffei	seit 2002 beim Verein; vormals Mittelbadische Eisenbahn-Gesellschaft
V 1 »Langeoog«	Bdm	1937	Deutz	vormals Inselbahn Langeoog, 1993 übernommen
V 8 »Helmut«	Cdm	1973	LKM Babelsberg	vormals August-Bebel-Hütte Helbra, 1992 übernommen
V 11	Bdh	1955	Deutz	Originallok der Geilenkirchener Kreisbahnen; 1973 nach Toto verkauft, 2001 von dort zurückgeholt
V 14 »List«	Bdm	1937	DWK	1973 von Sylter Inselbahn übernommen
T 7	A1dm	1939	Gotha	vormals Mittelbadische Eisenbahn-Gesellschaft, 1972 übernommen
T 13	B'B'dm	1941	Wismar	vormals Mittelbadische Eisenbahn-Gesellschaft, 1975 übernommen
VT 100	B'B'dm	1936	Wismar	Originaltriebwagen Geilenkirchener Kreisbahnen, 1974 übernommen
T 102	(1A)'(A1)'dm	1950	Talbot	vormals Inselbahn Langeoog, 1999 übernommen

Anlässlich des 50-jährigen Bestehens des Deutschen Eisenbahn-Vereins war die Lok 20 »Haspe« der Selfkantbahn am 30. Juli 2016 zu Gast in Bruchhausen-Vilsen.

Denkmäler in Nordrhein-Westfalen (1.000 mm)

Plettenberger Kleinbahn

Etwa an der Stelle, an der früher die Plettenberger Kleinbahn in der Stadt Plettenberg die Oesterbachbrücke überquerte und auf den Maiplatz fuhr, steht heute ein Denkmal der Märkischen Museumseisenbahn in Form einer Gleiskreuzung der früher als Hauptkunde bedienten Firma Graewe & Kaiser. Außerdem wurden ein Rollbock und eine Achse aufgestellt. Hier am 17. Juli 2004.

Kreis Altenaer Eisenbahn

An die Strecken der Kreis Altenaer Eisenbahn (Altena–Lüdenscheid sowie Lüdenscheid–Werdohl) erinnert in Altena die Lok 13 »Carl« unterhalb der Burg Altena. Die Cn2t-Maschine wurde 1907 von Hohenzollern gebaut. Die Schwesterlok Nr. 15 »Hermann« kennen wir bereits von Seite 23 in diesem Buch.

Den »Vulkan-Expreß« erkennt man sofort an seinen markanten Wagen. Auf dem Tönissteiner Viadukt dampft hier die Malletlok 11sm am 15. Juli 2017. **Foto: Wolfgang Grafeneder**

Mit Dampf und Diesel durch die Eifel: Der »Vulkan-Expreß« Brohl–Engeln (1000 mm)

Im Brohltal, nordwestlich von Koblenz in der landschaftlich reizvollen Eifel gelegen, verläuft auf meterspurigen Gleisen die Strecke Brohl–Engeln. Stets als Privatbahn betrieben – seit 1954 unter dem Namen Brohltal-Eisenbahn-GmbH (BEG) –, wuchs ihre Streckenlänge seit der Eröffnung am 14. Januar 1901 mit den späteren Verlängerungen nach Weibern und Kempenich bis auf maximal 23,83 Kilometer. Der Personenverkehr zwischen Brohl und Kempenich endete allerdings bereits 1961, gefolgt von Güterverkehrseinbußen in den 1970er-Jahren, so dass mit dem Abbau der Gleise begonnen wurde. Mit starker Konkurrenz zum LKW und anschließend noch 18,1 Kilometern Streckenlänge blieb die Bahn dennoch dank der Werksanschlüsse zum Phonolithwerk in Brenk (heute AG für Steinindustrie) sowie einem 1,5 Kilometer langen Dreischienengleis zum Rheinhafen erhalten.

Dem sinkenden Verkehrsaufkommen wirkte die BEG ab 1977 mit der Anbietung diverser Sonderfahrten unter dem neuen Namen »Vulkan-Expreß« entgegen. 1987 aber spitzte sich die Situation weiter zu. Das Ende dieser schönen Strecke vor Augen, fanden sich am 2. September 1987 etwa 70 BEG-Freunde im Bahnhof Burgbrohl ein, um die Interessengemeinschaft Brohltal-Schmalspureisenbahn (IBS) zu gründen. Fortan wurden weitere Sonderfahrten organisiert, der »Vulkan-Expreß« auf ein neues Konzept gestellt und mit Fahrzeugen aus der Schweiz, von der DGEG sowie mit zwei polnischen Dh2-Dampflokomotiven der Gattung PKP Px 48 wieder in Fahrt gebracht. Die Bemühungen der IBS waren sehr erfolgreich und verbesserten den Ruf der Bahn erheblich. Zum Fahrzeugbestand gehören mittlerweile auch die ehemalige BEG-Malletlok llsm (sm = schwere Mallet, eingesetzt von 1906 bis 1966), deren Aufarbeitung 2015 abgeschlossen wurde, und mehrere Dieselfahrzeuge. Die beiden polnischen Dampfloks wurden 2008 allerdings an die MaLoWa verkauft.

Die Brohltalbahn ist vor allem deshalb so reizvoll, weil sie in einer gebirgigen Region beheimatet ist. Der bekannte Tö-

Triebfahrzeuge Brohltalbahn

Triebfahrzeug	Bauart	Baujahr	Hersteller	Bemerkungen
11sm	B'Bn4vt	1906	Humboldt	Original-Malletlok der Brohltalbahn; wurde bis 2015 aufgearbeitet
E 168	B'Bn4vt	1908	Henschel	Malletlok, vormals Portugiesische Staatsbahn; nicht betriebsfähig
D1	Cdm	1965	Orenstein & Koppel	Planlok der BEG
D2	Cdm	1965	Orenstein & Koppel	Planlok der BEG
D3	Cdm	1967	Orenstein & Koppel	derzeit nicht betriebsfähig
D5	B'B'dm	1966	Henschel	Planlok; 1998 aus Spanien übernommen
VT 30	Bo'Bo'	1956	Fuchs	vormals Härtsfeldbahn, 1989 übernommen; in Aufarbeitung

nissteiner Viadukt zeugt ebenso von der Baukunst damaliger Zeiten wie eine bis 1934 zwischen Oberzissen und Engeln benötigte Zahnstange. Für diesen Abschnitt wurden seinerzeit fünf Zahnradlokomotiven vorgehalten, ehe der Fahrzeugpark – einst mit elf Dampflokomotiven bestückt – mehr und mehr verdieselt wurde. Zuletzt verblieb ein Triebwagen-Beiwagen (VB 50) mit einer Diesellok als Zugfahrzeug im Einsatz. Die IBS verfügt heute über eigene Diesellokomotiven, mit denen der Güterverkehr und die umfangreichen »Vulkan-Expreß«-Fahrten abgewickelt werden.

Brohltal-Schmalspureisenbahn Betriebs-GmbH

Brohltalstraße (Lokschuppen)
56656 Brohl-Lützing • Tel. 02636 80303
buero@vulkan-express.de
www.vulkan-express.de

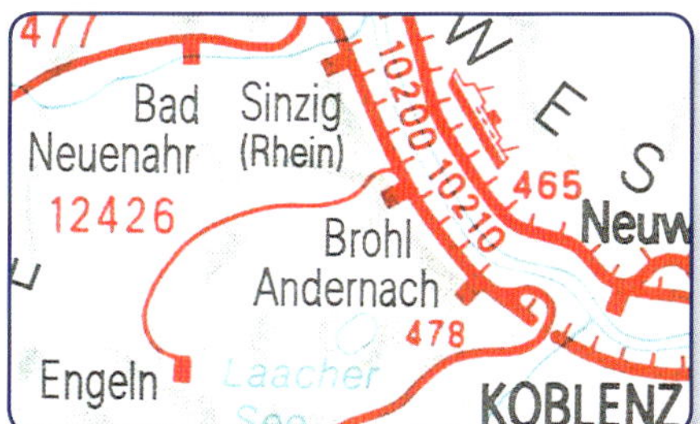

Die moderne D5 hat am 25. April 2021 nach einer Fahrt über die Berghöhen den Bahnhof Engeln fast erreicht. Foto: Martin Hörger

LINKS: 400 Höhenmeter hat die D1 mit dem »Vulkan-Expreß« zwischen Oberzissen und Brenk zu überwinden. Foto: Walter Brück

Die Neubaulok 99 7245 zieht den morgendlichen Zug von Nordhausen nach Wernigerode, hier bei Ilfeld am 26. März 2022.

Quer durch das Mittelgebirge: Die Harzer Schmalspurbahnen (1.000 mm)

Die Harzer Schmalspurbahnen GmbH (HSB) übernahm am 1. Februar 1993 ein 132 Kilometer langes Meterspurnetz von der Deutschen Reichsbahn. Weil es seit 1972 unter Denkmalschutz steht, konnte es bis zum Ende der DDR mit Dampfbetrieb bestehen bleiben und darüber hinaus mit kommunalen Mitteln fortgeführt werden. Das Netz zwischen Wernigerode, Nordhausen und Gernrode ist das längste seiner Art in Europa und die HSB durch den Brockentourismus die bekannteste Schmalspurbahn Deutschlands.

Die vielen Bergbau- und Waldgebiete im norddeutschen Mittelgebirge warteten schon früh auf eine verkehrsmäßige Erschließung, doch gelang es zunächst nur, die Eisenbahnen um das Gebirge herumzuführen. Erst 1874 wurde von Langelsheim ausgehend die Innerstetalbahn nach Clausthal-Zellerfeld in den Harz geführt, woran sich diverse Schmalspurprojekte anschlossen. Am 27. September 1886 begannen die Bauarbeiten für die private Gernrode–Harzgeroder Eisenbahn (GHE), die am 7. August 1887 von Gernrode bis nach Mägdesprung, am 1. Juli 1888 bis nach Harzgerode und schließlich 1892 von Alexisbad bis nach Hasselfelde reichte. Gleichzeitig von Wernigerode und Nordhausen nahm wenig später ein anderes Bahnprojekt Gestalt an, als die am 25. Juni 1896 in Berlin gegründete Nordhausen–Wernigeroder Eisenbahn-Gesellschaft (NWE) die Bauarbeiten einleitete. Am 12. Juli 1897 wurde der Abschnitt Nordhausen–Ilfeld für den Verkehr freigegeben, gefolgt von den Abschnitten Ilfeld–Netzkater am 1. Mai 1898, Wernigerode–Drei Annen Hohne–Schierke am 20. Juni 1898 sowie Netzkater–Benneckenstein am 15. September 1898. Am 27. März 1899 waren die letzten Abschnitte von Benneckenstein nach Drei Annen Hohne sowie von Schierke hinauf zum 1.142 Meter hohen Brocken fertiggestellt. 1905 wurde zwischen der GHE und der NWE ein Verbindungsgleis gebaut, das in Stiege an der GHE abzweigte und zum Bahnhof Eisfelder Talmühle der NWE verlief.

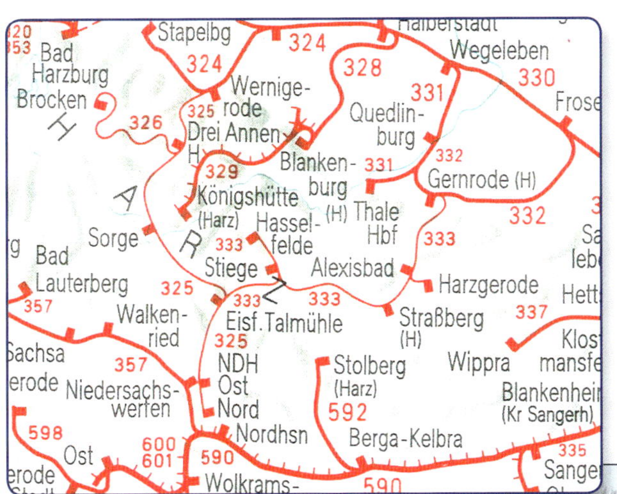

Harzer Schmalspurbahnen GmbH
Friedrichstraße 151
38855 Werningerode
Tel. 03943 558-0
info@hsb-wr.de • www.hsb-wr.de

Auf der Selketalbahn dampft meistens das 1939 von Krupp gebaute Einzelstück 99 6001. Zu sehen ist der Zug in Gernrode am 23. Februar 2019 sowie bei der Fahrt durch den kleinen Ort Straßberg am 25. März 2022. Dieser südliche Streckenabschnitt wird nur noch einmal täglich mit einem Dampfzug angefahren.

Nah an der Grenze

Die Strecke der GHE bekam bei der Bevölkerung den Namen »Selketalbahn«, während die NWE wegen ihres Verlaufs »Harzquerbahn« genannt wurde. Diese Bezeichnungen blieben bestehen, als beide Privatgesellschaften am 1. Januar 1950 enteignet und von der Deutschen Reichsbahn der DDR übernommen wurden. Zwar hatte dies für den Betrieb diverse Vorteile, doch war bereits 1946 das elf Kilometer lange Streckenstück Stiege–Straßberg der Selketalbahn Reparationsleistungen an die UdSSR zum Opfer gefallen. Und am 13. August 1961 wurde die Brockenbahn wegen der neuen Grenzbestimmungen für den öffentlichen Ausflugsverkehr gesperrt. Der Abschnitt Drei Annen Hohne–Benneckenstein durfte fortan nur noch mit einem Passierschein befahren werden, so dass die Stationen Sorge und Elend – direkt an der innerdeutschen Grenze – nur noch in Ausnahmefällen erreichbar waren. 1956 setzte die DR die alten NWE-Lokomotiven zur Selketalbahn um und ließ für die Harzquerbahn (sowie für ihre beiden letzten thüringischen Meterspurbahnen) die Neubaulokomotiven 99 231–247 nach dem Vorbild der Einheitslokbaureihe 99.22 herstellen. Diese befuhren auch

OBEN: Der Einsatz von Traditionslokomotiven bei Sonderveranstaltungen ist für die HSB ein attraktives Zusatzgeschäft: oben die Einheitslokomotive 99 7222 in Schierke. UNTEN: Den Schülerverkehr zwischen Nordhausen und Ilfeld besorgen in der Regel Neubautriebwagen. (März 2022)

das ehemalige GHE-Verbindungsgleis Eisfelder Talmühle–Hasselfelde. 1977 wurden sie mit Ölbrennern für eine Ölhauptfeuerung ausgestattet, zwischen 1982 und 1984 aber wieder auf Kohlefeuerung zurückgebaut.

Zwischen 1988 und 1990 gab es mehrere Versuche, das Netz mit umgespurten Normalspur-Diesellokomotiven der Baureihen 100 und 110 zu verdieseln. Obwohl dies nur bedingt erfolgreich war, kamen auf diese Weise 13 dieser Maschinen in den Fahrzeugpark. Drei Lokomotiven der Baureihe 199.8 wurden 1998 bei Adtranz modernisiert und werden heute für den Reservedienst bei Lokmangel, Schneeräum- und Bauzugleistungen betriebsfähig vorgehalten. Vier wurden verkauft und wieder auf Normalspur zurückgebaut, die anderen sind derzeit abgestellt.

1983 sollte von Nordhausen aus das Heizkraftwerk Silberhütte auf der Selketalbahn mit Kohlenzügen versorgt werden, wozu das Verbindungsgleis zwischen Stiege und Straßberg wieder aufgebaut werden musste. Am 30. November 1983 wurde der fertige Abschnitt dem Verkehr übergeben. Gleichzeitig fanden Rationalisierungen wie der Einbau von Rückfallweichen sowie die Einführung der Druckluftbremse und des Zugfunks statt.

Ab 1990 begann eine neue Modernisierungswelle. Sofort wurde die Reaktivierung der Brockenstrecke in Angriff genommen, indem das Brockenplateau vom sowjetischen Militär geräumt, der alte Bahnhof touristisch aufbereitet und die Strecke erneuert wurde. Am 15. November 1991 fand die feierliche Eröffnung des Verkehrs statt, und seither bildet die Brockenstrecke das Rückgrat der HSB.

Während anfänglich nur in der Sommersaison gefahren wurde, räumen heute starke Schneefräsen die Strecke, so dass auch im Winter gewaltige Touristenmassen auf Norddeutschlands höchsten Berg gebracht werden. 2010 hat die HSB auf ihrem Netz 1,1 Millionen Fahrgäste befördert, was zusammen mit Ländersubventionen schwarze Zahlen ergibt. Auf der Brockenstrecke fahren täglich die meisten Zugpaare, während zwischen Wernigerode und Nordhausen nur noch ein täglich durchgehendes Dampfzugpaar eingesetzt wird. Der Berufsverkehr Nordhausen–Ilfeld bzw. nach Eisfelder Talmühle wird darüber hinaus seit 2003 mit neu beschafften Zweisystem-Combino-Stadtbahnwagen der Verkehrsbetriebe Nordhausen GmbH abgewickelt. Auf diesem Abschnitt findet sogar sporadischer Güterverkehr mit neu entwickelten, ohne

OBEN: Feierabend für die Brockenlok 99 7241. In Wernigerode Hbf wird sie am 24. Februar 2019 entschlackt.

RECHTS: Im 1982 erbauten Lokschuppen von Wernigerode Hbf übernachten die Dampfloks neben den auf Schmalspur umgebauten Normalspur-Diesellokomotiven der Baureihe 199.8.

UNTEN LINKS: Seit 1996 wird zumeist das Dampflokwerk Meiningen für die fälligen Untersuchungen beauftragt. Dort erhält eine Neubaulok am 21. März 2009 gerade zahlreiche neue Bauteile.

UNTEN RECHTS: In Wernigerode Hbf liegt der Bahnsteigteil rechts, während links die Loks versorgt werden. Der Triebwagen 187 011 fuhr früher bei der Kreis Altenaer Eisenbahn sowie auf Langeoog.

Triebfahrzeuge Harzer Schmalspurbahnen

Triebfahrzeug	Bauart	Baujahr	Hersteller	Bemerkungen
99 5901	B'Bn4vt	1897	Jung	ehemalige NWE 11; Malletlok für den Traditionszugdienst; abgestellt
99 5902	B'Bn4vt		Jung	ehemalige NWE 12 (3.); Malletlok für den Traditionszugdienst in grün; abgestellt
99 5903	B'Bn4vt		Jung	ehemalige NWE 13 (2.); Malletlok für den Traditionszugdienst; betriebsfähig
99 5906	B'Bn4vt	1918	Karlsruhe	ehemalige NWE 41 (2.); Malletlok; abgestellt
99 6001	1'C 1'h2t	1939	Krupp	ehemalige NWE 21 (2.), fährt planmäßig auf der Selketalbahn
99 6101	Ch2t	1914	Henschel	ehemalige NWE 6; bis 1990 im Rollbockbetrieb Wernigerode eingesetzt, heute Traditionslok; abgestellt
99 6102	Cn2t	1914	Henschel	ehemalige NWE 7; bis 1998 Denkmal in Gernrode; abgestellt
99 7222	1'E 1'h2t	1931	Schwartzkopff	Einheitslok-Baumuster; 1966 von Eisfeld–Schönbrunn übernommen, heute im Plan- und Sonderzugdienst
99 7231	1'E 1'h2t	1954	LKM Babelsberg	DR-Neubaulok; abgestellt
99 7232	1'E 1'h2t	1954	LKM Babelsberg	DR-Neubaulok für Plandienst
99 7233	1'E 1'h2t	1954	LKM Babelsberg	DR-Neubaulok; abgestellt
99 7234	1'E 1'h2t	1954	LKM Babelsberg	DR-Neubaulok für Plandienst
99 7235	1'E 1'h2t	1954	LKM Babelsberg	DR-Neubaulok; abgestellt
99 7236	1'E 1'h2t	1955	LKM Babelsberg	DR-Neubaulok für Plandienst
99 7237	1'E 1'h2t	1956	LKM Babelsberg	DR-Neubaulok für Plandienst
99 7238	1'E 1'h2t	1956	LKM Babelsberg	DR-Neubaulok; abgestellt, für Umbau auf Leichtölfeuerung vorgesehen
99 7239	1'E 1'h2t	1956	LKM Babelsberg	DR-Neubaulok für Plandienst
99 7240	1'E 1'h2t	1956	LKM Babelsberg	DR-Neubaulok für Plandienst
99 7241	1'E 1'h2t	1956	LKM Babelsberg	DR-Neubaulok für Plandienst
99 7242	1'E 1'h2t	1956	LKM Babelsberg	DR-Neubaulok; abgestellt
99 7243	1'E 1'h2t	1956	LKM Babelsberg	DR-Neubaulok für Plandienst
99 7244	1'E 1'h2t	1956	LKM Babelsberg	DR-Neubaulok; abgestellt, für Umbau auf Leichtölfeuerung vorgesehen
99 7245	1'E 1'h2t	1956	LKM Babelsberg	DR-Neubaulok für Plandienst
99 7246	1'E 1'h2t	1956	LKM Babelsberg	DR-Neubaulok; abgestellt
99 7247	1'E 1'h2t	1956	LKM Babelsberg	DR-Neubaulok; abgestellt

Triebfahrzeug	Bauart	Baujahr	Hersteller	Bemerkungen
199 005	Cdm	1964	LKM Babelsberg	Typ V 10 C, 1983 von Spreewaldbahn übernommen; abgestellt
199 006	Cdm	1964	LKM Babelsberg	Typ V 10 C, 1983 von Spreewaldbahn übernommen; abgestellt
199 010	Bdm	1934	BMAG	Typ Köf, 1984 auf Schmalspur umgebaut; aus Halle übernommen; abgestellt
199 011	Bdm	1934	BMAG	Typ Köf, 1984 auf Schmalspur umgebaut; aus Halle übernommen; abgestellt
199 012	Bdm	1934	BMAG	Typ Köf, 1990 auf Schmalspur umgebaut; Verschublok im Bw Westerntor
199 301	Cdh	1966	LKM Babelsberg	im Harz getesteter Prototyp für eine Serie indonesischer Dieselloks; seit 1997 abgestellt
199 861	C'C'dh	1976	VEB Hennigsdorf	umgespurte Diesellok der DR-Baureihe 110; im Plan- und Arbeitszugdienst
199 871	C'C'dh	1976	VEB Hennigsdorf	umgespurte Diesellok der DR-Baureihe 110; abgestellt
199 872	C'C'dh	1976	VEB Hennigsdorf	umgespurte Diesellok der DR-Baureihe 110; im Plan- und Arbeitszugdienst
199 874	C'C'dh	1976	VEB Hennigsdorf	umgespurte Diesellok der DR-Baureihe 110; im Plan- und Arbeitszugdienst
199 877	C'C'dh	1978	VEB Hennigsdorf	umgespurte Diesellok der DR-Baureihe 110; abgestellt
199 892	C'C'dh	1978	VEB Hennigsdorf	umgespurte Diesellok der DR-Baureihe 110; Wiederinbetriebnahme 2024
GHE T 1 (187 001)	A1dm	1933	Dessau	DR VT 133 522; einziger GHE-Triebwagen; kann gemietet werden
NWE T 3 (187 025)	Bo'Bo'de	1939	Wismar	DR VT 137 566; letzter NWE-Schlepptriebwagen für Sonderfahrten; abgestellt
187 011	B'2'dm	1954	Talbot	ehemaliger Triebwagen der Kreis Altenaer Eisenbahn sowie der Inselbahnen Juist und Langeoog, 1995 übernommen; betriebsfähig
187 012	B'B'dh	1955	Fuchs	ehemaliger Triebwagen der Strecken Zell–Todtnau und Amstetten–Laichingen sowie der Inselbahn Langeoog, 1995 übernommen; wartet auf Wiederinbetriebnahme
187 013	B'2'dm	1954	Talbot	ehemaliger Triebwagen der Kreis Altenaer Eisenbahn sowie der Inselbahnen Juist und Langeoog, 1995 übernommen; betriebsfähig
187 015	B'2'dh	1996	Werk Wittenberge	Neubautriebwagen; abgestellt
187 016	B'2'dh	1999	Fahrzeugbau Halberstadt	Neubautriebwagen
187 017	B'2'dh	1999	Fahrzeugbau Halberstadt	Neubautriebwagen
187 018	B'2'dh	1999	Fahrzeugbau Halberstadt	Neubautriebwagen
187 019	B'2'dh	1999	Fahrzeugbau Halberstadt	Neubautriebwagen

LINKS: Auf dem linken Foto wartet der altehrwürdige Triebwagen 187 012 am 18. Januar 2010 im Bw Wernigerode-Westerntor auf das Ende des Winters. Er fuhr früher bei der Zell–Todtnau-Bahn. Der kleine offene Güterwagen rechts in Gernrode hat noch einen Bremsersitz und wird hoffentlich irgendwann restauriert (25. März 2022).

Ausfahrt aus Gernrode hat 99 6001 im Februar 2019. Es geht nach Alexisbad.

Kuppelstangen einsetzbaren Rollböcken zum Hartsteinwerk Unterberg statt. Die oft doppelt bespannten Kohlenzüge nach Silberhütte wurden 1990 hingegen eingestellt.

Rationelle Betriebsweise

Sorgenkind der HSB ist die Selketalbahn, auf der seit 1995 neben Triebwagen nur noch 99 6001 und 99 5906 abwechselnd Dampfzüge befördern. Die großen Neubaulokomotiven befahren fast ausschließlich die Brockenbahn sowie die Harzquerbahn. Nach der Stilllegung des Hauptbahnanschlusses der Selketalbahn in Gernrode fasste die HSB den Entschluss, das 8,5 Kilometer lange Streckenstück von Gernrode nach Quedlinburg in der Schmalspur weiterzubetreiben. Vom 18. April 2005 bis zum Frühjahr 2006 wurde es umgespurt und am 26. Juni 2006 feierlich eröffnet. Weitere Reaktivierungspläne für die Trasse der 1961 abgebauten Südharzeisenbahn von Sorge über Tanne nach Braunlage scheiterten bisher an der Finanzierung.

Viel Schnee lag am 22. Februar 2019 auf dem Brocken, als die Lok 99 7234 (alte Nummer: 99 234) für die Rückfahrt umsetzte.

Die HSB verfolgt mit rationellen Triebwagen, die aus Ländermitteln bzw. von den ostfriesischen Inseln beschafft wurden, und Dampfzügen zum Brocken ein modernes Verkehrskonzept. Die Empfangsgebäude mit den HSB-Geschäftsstellen sind größtenteils saniert, zudem wurden in Wernigerode eine neue große Wagenhalle sowie eine Aussichtsplattform für den Lokbahnhof Wernigerode-Hauptbahnhof geschaffen. Das Bahnbetriebswerk ist seit 1926 in Wernigerode-Westerntor, während die Nordhäuser Lokeinsatzstelle nur noch sporadisch frequentiert wird. Die Züge der Selketalbahn werden ab Gernrode eingesetzt (auch in Richtung Quedlinburg). Haltepunkte für Wanderer wie Sophienhof, Drängetal und Goetheweg wurden ab 1993 wiedereröffnet, worauf allerdings bereits am 22. August 1994 an der Blockstelle Drängetal zwei Züge zusammenstießen und die Lokomotiven schwer beschädigt wurden.

Höhepunkte im Betriebsalltag sind heute vor allem die Sonderzüge, die die HSB, die Interessengemeinschaft Harzer Schmalspurbahnen e. V. und der Freundeskreis Selketalbahn e. V. organisieren.

GANZ OBEN: Mit drei Wagen steht 99 6001 am 25. März 2022 abfahrbereit in Harzgerode auf der Selketalbahn.
MITTE: Für die Streckenerweiterung Gernrode–Quedlinburg hatte Diesellok 199 874 am 9. April 2006 in Alexisbad aufgerollte Schotterwagen im Schlepp.
UNTEN: Der Traditionszug mit der Malletlok 99 5902 am Abend des 18. Novembers 2001 im Bahnhof Elend.
LINKS: Personenzug mit 99 7236 im Brockenbahnhof am 26. Oktober 2022. Foto: Johannes Kienitz

Seit 2006 ist die Stadt Quedlingburg am nördlichen Harzrand mit der Schmalspurbahn erreichbar und wird regelmäßig von 99 6001 angefahren. Die Aufnahme entstand am 24. Februar 2019 beim Umsetzen für die Rückfahrt nach Gernrode.

Zwischen Sorge und Elend umfährt 99 7232 am 27. Oktober 2014 die ehemalige Brücke der Südharzeisenbahn von Sorge nach Tanne und Braunlage.

Einfahrt in Eisfelder Talmühle hat 99 7245 mit dem morgendlichen Personenzug von Nordhausen nach Drei Annen Hohne. (2019)

Die 750-mm-Werklokomotiven des früheren Mansfelder Bergwerkskombinat »Wilhelm Pieck« befördern heute während der Sommermonate Personenzüge über das Werkbahnnetz. Am 1. Oktober 2011 ist der D-Kuppler Nr. 9 im Einsatz. Foto: Andreas Fischer

Ehemaliger Bergbau im Harzvorland: Die Mansfelder Bergwerksbahn (750 mm)

Im Harzvorland wurde am 15. November 1880 ein 750-mm-Schmalspurnetz in Betrieb genommen, welches der Förderung von Kupferschiefererz in der Mansfelder Mulde dienen sollte. Bis 1920 wuchs es auf 90 Kilometer Länge an und fügte sich in die weitreichende Tradition des Mansfelder Bergbaus. Während ab den 1930er-Jahren vor allem D-gekuppelte Tenderlokomotiven von Orenstein & Koppel den Betrieb führten, beschaffte die Mansfelder Transport GmbH 1953 zusätzlich zwei 1'E 1'-Neubaulokomotiven, die aus dem Reichsbahn-Modernisierungsprogramm stammten und als einzige Maschinen dieser Serie auf eine Privatbahn gelangten. Zum 10. September 1990 wurde der Betrieb allerdings eingestellt, als die Rohhütte Helbra ausgedient hatte. Um die Schmalspurbahnen dennoch zu erhalten, konstituierte sich die Mansfelder Bergwerksbahn e. V. (MBB), die Museums-Sonderfahrten von Klostermansfeld-Benndorf nach Hettstedt durchführt. Dazu stehen ihr Personenwagen sächsischer Bauart, vier alte Dh2t-Dampflokomotiven (Nr. 8 bis 11), eine D-gekuppelte Schlepptenderlok (Nr. 20) sowie vier Dieselfahrzeuge vom DDR-Typ V 10 C zur Verfügung.

Daneben hat sich in den Benndorfer Werkshallen ein modernes Eisenbahn-Reparaturunternehmen etabliert, das als »MaLoWa« (Mansfelder Lok- und Wagen-Bahnwerkstatt GmbH) europaweit tätig ist und vor allem Dampflokomotiven der Verkehrsbetriebe und Museumsbahnen sowie Diesellokomotiven untersucht und repariert.

Mansfelder Bergwerksbahn e.V.

Hauptstraße 15 • 06308 Benndorf
Tel. 034772 27640
mansfelder@bergwerksbahn.de
www.mansfelder-bergwerksbahn.de

Noch immer sind zahlreiche beladene Güterwagen auf dem gesamten Streckennetz zu finden. Der Museumszug fährt unbeeindruckt daran vorbei. Foto: Andreas Fischer

Industriebahnatmosphäre mit der Lok 11 am 26. Juni 2021: Auch heute werden noch gelegentliche Güterzugvorführungen gegeben. Foto: Markus Endt

UNTEN:
Die V 10 C Nr. 35 befördert bei Ausfall einer Dampflok die Museumszüge über die Bahn. Hier in Klostermansfeld-Benndorf.

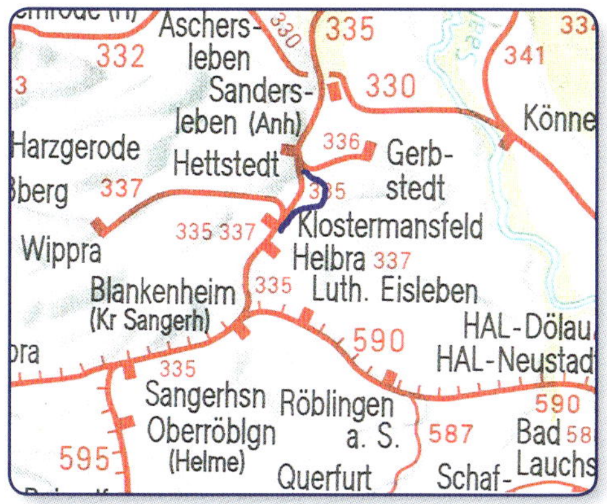

Lok 20 wurde von Eisenbahnfreunden aus Estland nach Deutschland geholt und der ehemaligen Schlepptenderlok 99 1401 der DR nachempfunden. Oben dampft sie beim Güterzugtag 2014 (Foto: Steve Kloseck), links ist sie am 1. Oktober 2011 im Einsatz (Foto: Andreas Fischer).

Triebfahrzeuge Mansfelder Bergwerksbahnen

Triebfahrzeug	Bauart	Baujahr	Hersteller	Bemerkungen
Lok 8	Dh2t	1931	Orenstein & Koppel	Originallok, vormals Lok 6; steht im Mansfelder Museum
Lok 9	Dh2t	1931	Orenstein & Koppel	Originallok
Lok 10	Dh2t	1936	Orenstein & Koppel	Originallok; fuhr als 99 4010 als Gastlok auf der Öchsle-Museumsbahn
Lok 11	Dh2t	1939	Orenstein & Koppel	Originallok
Lok 20	Dh2	1951	LKM Babelsberg	Schlepptenderlok; wurde 1996 vom Verein aus Estland geholt und bis 2000 restauriert; bei einem Unfall auf der Strecke Radebeul–Radeburg 2009 schwer beschädigt, in Oberwiesenthal bis 2011 wieder aufgebaut
Lok 31	Cdm	1961	LKM Babelsberg	Typ V 10 C
Lok 33	Cdm	1962	LKM Babelsberg	Typ V 10 C
Lok 35	Cdm	1962	LKM Babelsberg	Typ V 10 C
Lok 36	Cdm	1961	LKM Babelsberg	Typ V 10 C

Dampflok »Emma« wurde für ein Foto auf offener Strecke in Szene gesetzt Foto: Benjamin Ebrecht

In der Jerichower Schweiz: Andenken ans Burger Schmalspurnetz (750 mm)

Auch in der Region zwischen dem Fläming und der Elbe existierte ein mit gut 102 Kilometern recht umfangreiches Streckennetz in der 750-mm-Spur. Die provinzialsächsischen Kleinbahnen des Kreises Jerichow I (KJI) ließen zwischen 1896 und 1903 ausgehend vom Betriebsmittelpunkt Burg die Strecken Burg–Ziesar, Burg–Groß Lübars und Magdeburgerforth–Gommern entstehen. Zwischen Loburg und Altengrabow bestand für den Militärverkehr zusätzlich ein zwölf Kilometer langes Dreischienengleis, um dessen Regelspurzüge durchzuleiten. Am 1. April 1949 übernahm die Deutsche Reichsbahn den Betrieb und modernisierte die Fahrzeuge. Für den umfangreichen Güterverkehr standen zeitweise über 250 Fahrzeuge zur Verfügung. Zwischen 1960 und 1965 begann jedoch schrittweise der Niedergang des Netzes, bis es völlig stillgelegt und demontiert war. Immerhin wurden viele Dampflokomotiven im Anschluss an andere Bahnen abgegeben, so dass mit 99 4801 und 99 4802 auf Rügen sowie mit 99 4644 beim Prignitzer Kleinbahnmuseum drei Stammlokomotiven erhalten werden konnten. Die 1920 gebaute 99 4301, die Rangierdienste im Umladebahnhof Burg und Transporte zu den Anschlüssen der Zuckerfabrik Gommern besorgte, steht seit Juli 1975 am Bahnhof Gommern als Denkmal.

Der im Jahr 2000 gegründete Traditionsverein Kleinbahn des Kreises Jerichow I e. V. hat sich zum Ziel gesetzt, den 6,2 Kilometer langen Abschnitt Lumpenbahnhof–Magdeburgerforth–Altengrabow wieder aufzubauen, wo perspektivisch Anschluss an das Normalspurnetz wiederentstehen soll. Aktuell sind knapp zwei Kilometer Strecke aufgebaut und befahrbar. Seit 2011 wird zu Themenfahrtagen regelmäßiger Museumsbahnbetrieb mit einer der Dieselloks, einem offenen Aussichtswagen (Graz, 1908) und einem Reko-Personenwagen (Leihgabe der SOEG Zittau) angeboten. Die 2015 übernommene Dampflok 99 4721 (II) befin-

Triebfahrzeuge Bahnhof Magdeburgerforth

Triebfahrzeug	Bauart	Baujahr	Hersteller	Bemerkungen
99 4721	Bn2t	1935	Henschel	Zweitbesetzung, ehemalige Bau- und Denkmallok, bauartgleich zur 1990 zerlegten 99 4721 (KJI Nr. 22)
199 041	Cdm	1962	LKM Babelsberg	2003 vom Kaolinwerk Kemmlitz übernommen, Typ V 10 C
199 042	Cdm	1969	LKM Babelsberg	Typ V 10 C, seit 2016 beim Verein
199 043	Cdm	1952	LKM Babelsberg	Typ Ns3, Leihgabe aus Rittersgrün

Traditionsverein Kleinbahn des Kreises Jerichow I e.V.

Forststraße 6 • 39291 Magdeburgerforth
Tel. 039225 634477
info@kj-1.de • www.kj-1.de

det sich in Aufarbeitung und soll in den nächsten Jahren in Betrieb genommen werden.

Auf dem normalspurigen Teil Loburg–Altengrabow bietet der Arbeitskreis Loburg der Dampfzug-Gemeinschaft Hildesheim seit 1992 Museumsbahnbetrieb an. Ein weiterer Arbeitskreis versucht zudem, touristische Fahrten auf der Strecke Magdeburg–Biederitz–Loburg mit Bus-Zubringer zur Museumsbahn in Magdeburgerforth zu etablieren. Das langfristig erklärte Ziel ist eine wieder durchgehende Schienenverbindung von Magdeburg nach Magdeburgerforth mit entsprechend regelmäßigem Fahrbetrieb.

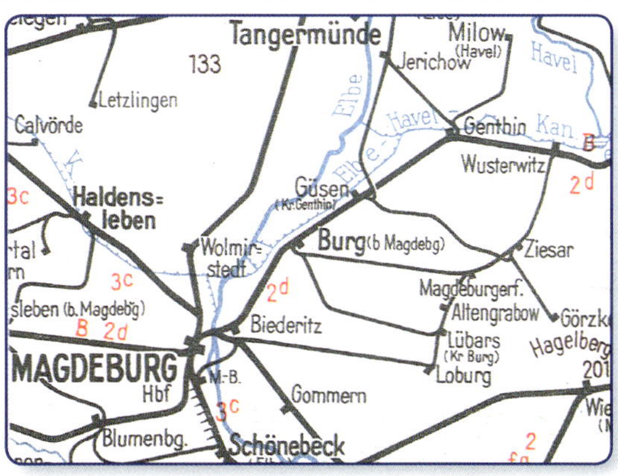

OBEN: Die kleine Denkmallok 99 4301 in Gommern

LINKS: Der Museumszug zur Osterfahrt in Magdeburgerforth-Mitte. Foto: Carsten Müller

Wie in alten Zeiten dampft 99 557 am 16. Mai 2023 durch die Prignitz. Doch es täuscht: Hinter der Nummer verbirgt sich die Gastdampflok 99 608 der Weißeritztalbahn. Foto: Stefan Weiß

Auf schmaler Spur durch die Prignitz: Das Kleinbahnmuseum Lindenberg (750 mm)

Das ausgedehnte 750-mm-Schmalspurbahnnetz der Prignitz existierte rund 70 Jahre lang. »Pollo« wurden die Züge von der Bevölkerung der ländlichen Region genannt, was auf den Försterhund Pollo zurückgeht, der den Zügen bellend hinterherlief. Zunächst durch die Ost- und Westprignitzer Kreiskleinbahnen in Kommunalregie betrieben, übernahm ab 1949 die Deutsche Reichsbahn der DDR die Betriebsführung und drückte der Bahn ihren Stempel auf.

Nach der Eröffnung der Prignitzer Eisenbahn Perleberg–Pritzwalk–Wittstock am 31. Mai 1885 regten sich die in der Umgebung nicht berührten Kreise, ebenso einen Bahnanschluss besitzen zu wollen. Diskussionen zwischen Bauern und Gutsbesitzern um die Trassenführung gingen voraus, ehe 1896 mit dem Bau einer ersten, sehr kurvenreichen Strecke begonnen werden konnte. 1912 war das Netz fertiggestellt und auf eine Länge von 102 Kilometern zwischen den Orten Perleberg, Pritzwalk, Kyritz, Breddin und Glöwen angewachsen. Außerdem kam 1948 die den Reparationsleistungen zum Opfer gefallene und als 750-mm-Schmalspurbahn neu aufgebaute Normalspurstrecke Glöwen–Havelberg hinzu. Das Netz besaß zahlreiche Hauptbahnanschlüsse.

Das Verkehrsaufkommen bezüglich Personen-, Güter- und Rollwagenleistungen war bis zuletzt durchaus beachtlich, so dass die DR selbst nach 1965 noch Modernisierungen vornahm. Mit den beiden Wismarer Schienenbussen VT 133 524 sowie VT 133 525 konnten rationale Pendlerdienste angeboten werden. Trotzdem machten sich zunehmend Verkehrseinbußen durch die Automobil-Nutzung und Sanierungsbedürfnisse am Streckenoberbau bemerkbar. Erste Teilstilllegungen gab es deshalb schon 1967. Anschließend hatte die Entgleisung der

PRIGNITZER KLEINBAHNMUSEUM LINDENBERG E.V.

Lindenberg 91 • 16928 Groß Pankow (Prignitz) • Tel. 033982 60128
info@pollo.de • www.pollo.de

Blick in den Bahnhof Mesendorf, der heute den Betriebsmittelpunkt der Museumsbahn bildet. Am 17. Mai 2015 war die Dampflok 99 4633 aus Rügen zu Gast.

Dampflok 99 4645 bei Kehrberg im März 1969 entscheidenden Anteil an dem zum 1. Juli 1969 eingeleiteten Verkehrsträgerwechsel, dem sich der Abbruch des gesamten Netzes anschloss. Als letzter Abschnitt blieb die Strecke Glöwen–Havelberg noch bis zum September 1971 im Betrieb.

Neugeburt

Das 1993 etablierte Prignitzer Kleinbahnmuseum Lindenberg e. V. im ehemaligen Güterschuppen Lindenberg machte trotz vieler seit der Stilllegung vergangener Jahre einige Güter- und Personenwagen ausfindig, die in der Region teilweise als Hühnerstall gedient hatten, und übernahm 1994 den Neustrelitzer Denkmalzug mit 99 4644, der dort seit 1976 stand. Auf diese Weise gelang es immerhin, einige Original-Fahrzeuge für die Nachwelt zu erhalten. Außerdem wurden mit ABM-Kräften das Streckenstück von Mesendorf bis Brünkendorf, 2006/07 sogar bis Lindenberg wieder aufgebaut und im Bahnhof Mesendorf der Betriebsmittelpunkt einer Museumsbahn eingerichtet. Seither wird auf neun Kilometern ein Fahrbetrieb mit Dieselloks und saisonal

Triebfahrzeuge Prignitzer Kleinbahnmuseum

Triebfahrzeug	Bauart	Baujahr	Hersteller	Bemerkungen
99 4644	Dn2t	1923	Orenstein & Koppel	vormals Burger Schmalspurbahnen (KJI), 1963–1965 modernisiert; von 1976 bis 1994 Denkmallok in Neustrelitz, danach Denkmal in Lindenberg
V 10 101	Cdm	1961	LKM Babelsberg	Typ V 10 C; 1994 vom Stahlwerk Brandenburg übernommen
V 10 102	Cdm	1961	LKM Babelsberg	Typ V 10 C; vormals Maxhütte Unterwellenborn
V 10 103	Cdm	1967	LKM Babelsberg	Typ V 10 C; vormals Ziegelwerk Zehdenick
Kö 6401	Bdm	1957	LKM Babelsberg	vormals Ziegelwerk Zehdenick

mit Gastdampfloks angeboten. Die Vereinsdampflok 99 4644 ist noch nicht betriebsfähig, wurde allerdings 2008 von ihren Denkmalgleisen in Lindenberg nach Mesendorf geholt und witterungsgeschützt untergestellt.

Neben der 99 4644 sind drei weitere ehemalige Prignitzer Dampfloks verstreut in Deutschland erhalten. Dadurch, dass die Fahrzeuge nach der Einstellung für einige Jahre an der Spurwechselanlage in Glöwen gesammelt standen, konnten sie von dort nach Westdeutschland bzw. an private Sammler verkauft werden:

- 99 4503 (aus der Serie 99 4501–4503, ex Nr. 14–17; Cn2t, Hartmann 1897; heute Kleinbahnmuseum Gramzow)
- 99 4511 (C 1'n2t; Krauss 1899, Neubau 1966 in Cn2t; heute Preßnitztalbahn)
- 99 4701 (aus Serie Nr. 18, 19; Cn2t, Henschel 1914, Rekonstruktion 1964, danach Stammlok Glöwen–Havelberg; heute Privatbesitz in Wöllstein)

OBEN: Gastdampflok 99 4633 zieht am 17. Mai 2015 den Museumszug am Endbahnhof Lindenberg.
UNTEN LINKS: Die im Prignitzer Kleinbahnmuseum erhaltene Dampflok 99 4644 befindet sich in der Aufarbeitung. Sie stand bis 2006 als Denkmal in Lindenberg im Freien.
UNTEN RECHTS: Im Güterschuppen am ehemaligen Bahnhof Lindenberg hat sich ein Museum etabliert. Auf dem Gelände verläuft ein Feldbahnrundkurs für Besucher.

OBEN LINKS: Die Prignitzer Dampflok Nr. 19 – unter der Reichsbahn als 99 4701 bezeichnet – wurde 1963/64 im Raw Görlitz völlig neu konstruiert und dabei mit einem Kohlenkasten am Führerhausende und abgeschrägten Führerhausseitenwänden ausgestattet. Bis 1971 fuhr sie auf der Strecke Glöwen–Havelberg und wurde danach in Glöwen abgestellt. Dem Unternehmer Ernst K. Jungk ist es zu verdanken, dass 99 4701 vor der Verschrottung bewahrt werden konnte. Er kaufte die kleine Lok 1975 von der Reichsbahn und brachte sie nach Westdeutschland. In Wöllstein bei Bad Kreuznach ist sie heute Ausstellungsstück in einem hübsch gestalteten Arboretum und mit einem Segeltuch vor Regen geschützt. Die Aufnahme stammt vom 13. Oktober 2007.

OBEN RECHTS: Auch die für einige Jahre in der Prignitz eingesetzte 99 4511, die bis 1966 eine C 1'-Lok war und anschließend als letzte Dampflok in der DDR nach Plänen der 99 4701 neu aufgebaut wurde, hat überlebt und gehört heute der Preßnitztalbahn. Hier steht sie am 1. August 2009 im Lokschuppen Jöhstadt. Sie ist betriebsfähig.

Relikte der Kleinbahn: ein Gleisrest in Lindenberg und das Empfangsgebäude Nitzow.

Kleinbahnsammlung im Spreewald (1.000 mm)

Die Kleinstadt Lübben im Spreewald beantragte nach langen Diskussionen am 31. Dezember 1895 die Genehmigung zum Bau einer Kleinbahn, die zwischen Lübben und Cottbus die am 1. April 1879 stillgelegte Strecke Cottbus–Großenhain ersetzen sollte. Das Eisenbahnbau- und Betriebsunternehmen J. Becker aus Berlin wurde mit der Ausführung beauftragt und begann im März 1897 mit den Bauarbeiten. Mit der Betriebskonzession vom 26. Juni 1897 waren die Lübben–Cottbuser Kreisbahnen (LCK) praktisch gegründet, und mit Beendigung der Bauarbeiten am 7. Dezember 1899 war es durchgängig möglich, von Lübben nach Cottbus (51,765 km) sowie auf den Abzweigungen von Straupitz nach Goyatz (13,816 km) und von Byhlen nach Lieberose (19,116 km) zu fahren.

1923 wurden die LCK in »Spreewaldbahn« umbenannt, 1934 übernahm das Landesverkehrsamt Brandenburg die Verwaltung, und zum 1. April 1949 beendete schließlich die Deutsche Reichsbahn die Privatbahn-Ära. Die DR war es, die die ultimativen Entscheidungen zum Ende der Strecke traf: Infolge des Konzepts der DR zur Stilllegung unrentabler Nebenbahnen bis spätestens Mitte der 1970er-Jahre und der damit nicht mehr erfolgten Investitionen vollzog man zwischen dem 24. September 1967 und dem 4. Januar 1970 die Betriebseinstellung. Lediglich ein Anschlussgleis zu einem Militärflugplatz in Cottbus blieb bis zum 14. Februar 1983 erhalten; danach wurde es auf Normalspur umgebaut und am 28. Februar 1998 durch die DB stillgelegt und abgebaut.

Der Schneepflug im Museum Burg sowie die letzte Spreewaldlok 99 5703 im Museum Lübbenau (21. Oktober 2013).

Die sogenannte »Spreewald-Guste« musste in ihrem Streckengebiet zahlreiche Nebenläufe der Spree überqueren und war sogar an den Spreehafen in Goyatz angeschlossen. Die Lokeinsatzstelle Straupitz kristallisierte sich sehr bald zu einem bedeutenden Betriebsmittelpunkt heraus. Zahlreiche Wiederaufbaupläne kursierten nach der Wende angesichts des touristisch interessanten Spreewalds, bislang liegen die Gleise allerdings vor allem im Museumsbahnhof Burg, in dem eine stattliche Wagensammlung zu finden ist.

Bis zuletzt standen die Cn2t-Tenderlokomotiven der Gründerzeit im Einsatz, die zwischen 1897 und 1903 von Hohenzollern in einer Stückzahl von sieben Maschinen geliefert worden waren. Bei der DR hießen sie 99 5701 bis 99 5707. Von den kleinen, aber markanten Lokomotiven ist lediglich die 99 5703 im Spreewald-Museum im Schlosspark Lübbenau erhalten, während für die anderen zwischen 1967 und 1974 die Verschrottung folgte.

Das wohl spannendste Kapitel in der Geschichte webt sich um die nach dem Krieg auf einem Normalspurtransportwagen im Bahnhof Lieberose aufgefundenen Schmalspurlokomotiven. Sie müssen in den letzten Kriegstagen mit einem Räumzug der Wehrmacht aus Ostpreußen in die Spreewaldregion gelangt sein. Nicht nur die spätere Lokomotive 99 5633 befand sich darunter, sondern auch zwei B-gekuppelte Tenderlokomotiven der alten Lenz-Gattung »i«. Die sämtlich ohne Papiere entdeckten Fahrzeuge wurden zunächst auf einem Anschlussgleis in Schmogrow abgestellt und erst 1946 unter den Alliierten der Einsatzstelle Straupitz zugeteilt. 99 5633 kam nach dem Krieg wieder zum Einsatz und ist heute als Museumlok »Spreewald« in Bruchhausen-Vilsen erhalten. Aus dem Rahmen und den Achsen einer der anderen Dampfloks entstand der Schneepflug 99-51-53, der heute im Heimatmuseum Burg erhalten ist. Der dazugehörige Kessel wurde noch bis 1970 in der Werkstatt Straupitz als Druckluftbehälter verwendet. Die dritte Tenderlok fand ihr Ende durch den Schneidbrenner.

Erhalten sind ferner zwei Cdm-Diesellokomotiven des Typs V 10C, die mit den Nummern 199 005 (ex 100 905) und 199 006 (ex 100 906) den letzten Anschlussverkehr in Cottbus versahen und nach der Umspurung 1983 zusammen mit neun Rollwagen zur Einsatzstelle Wernigerode gelangten. Auch viele Personenwagen fanden 1970 im Harz eine neue Heimat.

Alte Beschriftung an einem Personenwagen.

Sachsen

Der vor dem Empfangsgebäude ausgestellte zweiachsige Wagen mit Holzaufbau und Oberlicht stammt vom Mügelner Netz. Aufnahme vom 31. Juli 2009.

Historie in Sachsen: Schmalspurbahnmuseum Oberrittersgrün (750 mm)

Die Gemeinde Rittersgrün im Landkreis Schwarzenberg strebte – wie viele der damals abgelegenen Ferienorte – gegen Ende des 19. Jahrhunderts mit Eisenverhüttung, holzverarbeitenden Betrieben und dem langgehegten Wunsch nach Belebung des Pöhlwassertals durch Fremdenverkehr nach dem Anschluss ans Eisenbahnnetz. Alsbald wurde mit dem Bau der staatlichen, nur 9,36 Kilometer langen 750-mm-Schmalspurbahn von der Gemeinde Rittersgrün im oberen Erzgebirge zum Bahnhof Grünstädtel an der Hauptbahn Annaberg-Buchholz–Schwarzenberg begonnen. Die Tätigkeiten währten vom 1. April 1888 bis zum 30. Juni 1889, ehe der Betrieb am Tag darauf in feierlichem Rahmen aufgenommen wurde.

Nach 1945 wurden im Auftrag der Wismut-AG Arbeiter und Materialien für den Uranerzabbau sowie später Werktätige, Ausflügler, Holz- und Kohlenladungen befördert. Zeitlebens verkehrten auf dieser Strecke fast ausschließlich IV K-Lokomotiven, die das Bild der Züge im pittoresken Tal prägten. Infolge mangelnder Wirtschaftlichkeit, des Baus eines Pumpspeicherwerks in Markersbach und der beengten Talverhältnisse in Raschau sowie zwischen Grünstädtel und Pöhla war die Bahn ab Ende der sechziger Jahre allerdings im Weg. Am 21. September 1971 wurde sie der gesamten Länge nach stillgelegt und demontiert.

Bereits vor der Stilllegung der Schmalspurbahn gab es Vorstellungen, im Endbahnhof eine Schauanlage einzurichten. Am 25. Januar 1972 fuhr die Lokomotive 99 1579 mit sechs Personen- und Güterwagen auf provisorischem Gleis zum letzten Mal nach Oberrittersgrün und verblieb dort als Ausstellungsstück. Im gleichen Jahr etablierte sich in Rittersgrün eine Arbeitsgemeinschaft, die viele Exponate und Andenken zum Thema

Sächsische Schmalspurbahnen sammelte, konservierte und auf dem ehemaligen Bahnhof, vor allem im Lokschuppen, in eine Schauanlage integrierte. Seit dem 18. Juni 1977 ist das Heimatmuseum Rittersgrün offiziell geöffnet und zeigt neben der 99 1579 als Kernstück verschiedene Personen- und Güterwagen, Bahndienstfahrzeuge, Aussichts-, Gepäck- und Postwagen, die Einheitslok 99 1759 sowie acht Diesellokomotiven, darunter eine Maschine vom Typ HF 130 C und eine Akkulok.

Der gesamte Bahnhof ist seit 1986 als besonders gepflegtes Ausstellungsgelände eingerichtet und kann werktäglich (außer montags) von 10 bis 14 Uhr, am Wochenende von 10 bis 16 Uhr besichtigt werden. Man spielt sogar mit dem Gedanken des Wiederaufbaus zumindest eines Teils der ehemaligen Strecke.

RECHTS: Der Führerstand der Meyerlok 99 1579, dem wichtigsten Exponat des Museums. Sie besitzt noch einen Altbaukessel.

UNTEN: Schnee im Museumsbahnhof Oberrittersgrün am 20. Februar 2004. Draußen stehen eine V 10 C sowie eine HF 130 C.

Exponate Sächsisches Schmalspurbahnmuseum Rittersgrün

Triebfahrzeug	Bauart	Baujahr	Hersteller	Bemerkungen
99 1579	B'B'n4vt	1912	Hartmann	sächsische IV K mit Altbaukessel
99 1759	1'E 1'h2t	1933	LKM Babelsberg	Einheitslok; Leihgabe Fichtelbergbahn
diverse Kleindieselloks				

Sächsisches Schmalspurbahn-Museum Rittersgrün e.V.

Kirchstraße 4 • 08359 Breitenbrunn
Tel. 037757 7440
kontakt808@schmalspurmuseum.de
www.schmalspurmuseum.de

99 516 hat mit dem Museumszug den Fuchsstein erklommen und erreicht in Kürze den Bahnhof Schönheide. 20. Oktober 2019. Foto: MuBa Schönheide

Erste und längste sächsische Schmalspurbahn: Schönheide–Stützengrün (750 mm)

An der Normalspurstrecke Zwickau–Aue–Schwarzenberg liegt in einem von Industrie geprägten Tal der Zwickauer Mulde die Stadt Wilkau mit dem Ortsteil Haßlau. Hier sowie im angrenzenden Rödelbachtal ließen sich bereits früh Mühlen- und Handwerksbetriebe in der lieblichen Landschaft nieder – und forderten ihren Tribut: Ende des 19. Jahrhunderts sollte hier die erste sächsische Schmalspurbahn ihren Ausgangspunkt erhalten.

Am 17. Oktober 1881 wurde die Strecke zunächst bis Kirchberg erröffnet, aber bereits 1882 folgte der Abschnitt bis Saupersdorf. Wilzschhaus (später Schönheide Süd) war 1893 vorläufige Endstation, denn hier konvergierte die Bahn mit der Regelspurstrecke Aue–Eibenstock–Adorf, so dass die Wilkauer Linie die Bedeutung einer Verbindungsbahn errang. Die Überbrückung der Regelspur und der Mulde in Wilzschhaus war eine Herausforderung, die 1892 in Richtung Schönheide zu zwei relativ kleinen Brücke über die Normalspur und die Mulde sowie zu einem riesigen Talviadukt über die Mulde führten. Eine vergleichbare Konstruktion gab es im Streckenverlauf der sogenannten WCd-Linie außerdem in Stützengrün. Erst im Juli 1980 wurde die Brücke mit großem Aufwand entfernt.

Die Bahn brachte einen wesentlichen wirtschaftlichen Aufschwung für das Rödelbachtal, aus Kleinstbetrieben wurden Fabrikproduktionen, da man schneller Material (Rohstoff/Fertigprodukte) umsetzen konnte. Über die Funktion einer Verbindungsbahn hinaus kam bis 1897 die Verlängerung der Strecke bis Carlsberg am Erzgebirgskamm zustande, womit eine Gesamtlänge von 41,96 Kilometern erreicht war. Dabei stieg das Höhenniveau von Schönheide Mitte bis Carlsfeld von 686 auf 856 Meter, was Steigungen bis zu 50 Promille erforderte. Die WCd-Linie gilt als die längste und steilste sächsische Schmalspurbahn, die die meisten Anschlussgleise besaß.

Triebfahrzeuge Museumsbahn Schönheide e.V.				
Triebfahrzeug	**Bauart**	**Baujahr**	**Hersteller**	**Bemerkungen**
99 516	B'B'n4vt	1892	Hartmann	älteste betriebsfähige sächsische IV K; zunächst Denkmal in Rothenkirchen, 1996 übernommen
99 582	B'B'n4vt	1912	Hartmann	sächsische IV K
99 585	B'B'n4vt	1912	Hartmann	sächs. IV K; Leihgabe Schwarzbachbahn e.V.
199 051	Cdm	1960	LKM Babelsberg	Typ V 10 C

Niedergang und Wiedergeburt

Die Lokomotiven der kleinen Gattung IV K, die hier ein unumschränktes Einsatzgebiet fanden, gehörten jahrzehntelang zum Alltag der Anwohnerinnen und Anwohner. Ab 1967 wurde die Schmalspurbahn mit dem sogenannten Verkehrsträgerwechsel abschnittsweise stillgelegt; zuletzt bestand nur noch Güterverkehr (bis zu drei Zugpaare am Tag) zwischen Schönheide Süd und Stützengrün Bürstenfabrik. Danach wurde mit dem Rückbau der Gleisanlagen begonnen.

Aus der 1991 gegründeten Museumsbahn Schönheide–Carlsfeld e.V. gingen zwei Vereine hervor, von denen die Museumsbahn Schönheide e.V. heute den reaktivierten Abschnitt Stützengrün Haltepunkt – Schönheide Mitte betreibt. Die Mitglieder sammelten u.a. streckentypische Fahrzeuge, mit denen von Schönheide aus Nostalgiefahrten durchgeführt werden, darunter auch 99 516, die trotz ihrer Rekonstruktion in den 1960er-Jahren als älteste erhaltene sächsische IV K gilt und für deren Aufarbeitung dem Verein sogar ein Preis verliehen wurde. Zwischen dem 795 Meter hohen Kuhberg und der Talsperre Eibenstock hat die Bahn heute eine große touristische Bedeutung.

Museumsbahn Schönheide e.V.

Am Fuchsstein 20A – Lokschuppen
08304 Schönheide • Tel. 037755 4303
museumsbahn-schoenheide@t-online.de
www.museumsbahn-schoenheide.de

MITTE: Im Endbahnhof Carlsfeld liegen wieder Gleise, aber der Bahnhof ist nicht an die Strecke angeschlossen. Foto: Andreas Fischer (21. Mai 2016)

UNTEN: Bahnhofsfest am 16. Mai 2016: 99 582 wartet mit einer Übergabe in Stützengrün auf Kreuzung. Foto: MuBa Schönheide

Eine schöne Landschaftsaufnahme unterhalb des Fichtelbergs 13. Februar 2023. Foto: Andreas Fischer

Mit Dampf zum Fichtelberg: Cranzahl–Oberwiesenthal (750 mm)

Wer in Flöha den Regionalzug nach Bärenstein besteigt, der entdeckt nicht nur in Wilischthal und Wolkenstein Spuren von Schmalspurbahnen; auch im Bahnhof Cranzahl, der nach Überquerung eines markanten Talviadukts erreicht ist, wird er fündig. Von hier führte die 1872 eröffnete Hauptbahn weiter nach Weipert und dem böhmischen Chomutov, doch ließen die veränderten Grenzbedingungen 1945 die Linie in Bärenstein enden.

Bedeutender für die Bevölkerung in dieser Region war die Erschließung der Stadt Oberwiesenthal, die an einem seit 1708 bestehenden Postkutschenkurs Leipzig–Karlsbad lag und unterhalb des 1.214 Meter hohen Fichtelbergs als Wintersportzentrum bekannt war. Es entstand auf dem deutschen Gebiet mit Genehmigung vom 22. August 1884 eine Bahnlinie zwischen Cranzahl und dem heutigen Kurort Oberwiesenthal in der 750-mm-Spur. Die Bauarbeiten an der Strecke begannen im April 1896 und waren am 19. Juli 1897 beendet; seither steigt die Linie auf insgesamt 17,35 Kilometern von 654 auf 893 Höhenmeter.

In Cranzahl existiert eine Spurwechselanlage sowie seit 1998 eine Nachschaugrube, um kleinere Montagen an den 32 Reisezug- und Gepäckwagen durchführen zu können. Betriebsmittelpunkt ist (trotz entgegengesetzter Kilometrierung) Oberwiesenthal, das nach Überquerung eines 23 Meter hohen und 110 Meter langen Stahlgitterviadukts erreicht wird. Der dortige Lokschuppen einschließlich Werkstatt wurde zwischen 2002 und 2004 komplett erneuert und erweitert, so dass mittlerweile die Hauptuntersuchungen

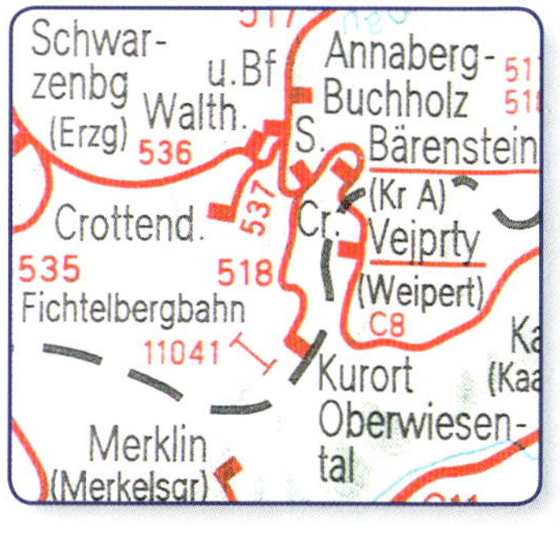

SDG Sächsische Dampf-eisenbahngesellschaft mbH

Fichtelbergbahn • Bahnhofstr. 7
09484 Kurort Oberwiesenthal
Tel. 037348 151-0
info@fichtelbergbahn.de
www.fichtelbergbahn.de

OBEN: Im Kreuzungsbahnhof Niederschlag begegnen sich regelmäßig die beiden Züge. (21. Dezember 2012)
RECHTS: Station Neuendorf mit 99 1773 am 31. Juli 2009.
UNTEN: Unterhalb des Fichtelbergmassivs überquert der Zug kurz vor der Einfahrt nach Kurort Oberwiesenthal den Hüttenbach auf einem groß dimensionierten Stahlviadukt. (15. Februar 2004)

OBEN: Im Winter werden die Züge der Fichtelbergbahn vor allem von Schneesportlern in Anspruch genommen. Gleich erreicht der Zug Hammerunterwiesenthal.
UNTEN: Wassernehmen in Cranzahl neben einem mit Holz beladenen R-Wagen. Aufgenommen am 21. Dezember 2012.

aller SDG-Lokomotiven sowie auch Reparaturarbeiten an Dampflokomotiven anderer Bahnen in der Lokomotivwerkstatt Oberwiesenthal durchgeführt werden können.

Der Landkreis Annaberg übernahm die Strecke im Jahr 1997 und beauftragte das regionale Busunternehmen BVO Verkehrsbetriebe Erzgebirge GmbH mit dem Betrieb der Strecke. Daraufhin wurde die BVO Bahn GmbH gegründet, die seit 1. Juni 1998 Betreiber der Fichtelbergbahn ist und seit Mai 2007 unter dem neuen Namen SDG Sächsische Dampfeisenbahngesellschaft mbH firmiert. Seit dem 1. Januar 2019 sind die Zweckverbände Verkehrsverbund Mittelsachsen (1/3) und Verkehrsbund Oberelbe (2/3) die Gesellschafter der SDG mbH.

Reizvolle Strecke

Während der Zugfahrt werden neun Stationen passiert, mal Wald, mal Hochflächen genommen, hinter Niederschlag jedoch ausschließlich dem Pöhlbach gefolgt. Er bildet die Grenze zur Tschechischen Republik und übt so besonderen Einfluss auf die Dörfer und die Atmosphäre dieser Region. Hier im Obererzgebirge liegt der Schnee oft viele Monate, so dass Skifahrer mit zu den häufigsten Fahrgästen zählen.

Im Bahnhof Hammerunterwiesenthal lassen das Splitt- und Schotterwerk sowie die umfangreichen Gleisanlagen erahnen, welche Bedeutung der Güterverkehr einmal hatte. Nach dem Krieg waren die Wismut AG, die 1.175 Meter lange Seilbahn in Oberwiesenthal und zeitweilige Streckenerneuerungen Auftraggeber für zahlreiche Rollwagenzüge, die heute Geschichte sind.

Die Fichtelbergbahn hat die Umstellung von Dampf auf Diesel nicht mitgemacht;

Triebfahrzeuge Fichtelbergbahn

Triebfahrzeug	Bauart	Baujahr	Hersteller	Bemerkungen
99 1741	1'E 1'h2t	1929	SFM Chemnitz	Einheitslok
99 1772	1'E 1'h2t	1952	LKM Babelsberg	DR-Neubaulok
99 1773	1'E 1'h2t	1952	LKM Babelsberg	DR-Neubaulok
99 1776	1'E 1'h2t	1953	LKM Babelsberg	DR-Neubaulok
99 1785	1'E 1'h2t	1954	LKM Babelsberg	DR-Neubaulok
99 1786	1'E 1'h2t	1954	LKM Babelsberg	DR-Neubaulok
99 1794	1'E 1'h2t	1956	LKM Babelsberg	DR-Neubaulok
L45H 084	B'B'	1985	Werk »23. August« Bukarest	Diesellok für Reservedienste

seit den 1950er-Jahren führen ausschließlich die 1'E 1'h2t-Neubaulokomotiven der Deutschen Reichsbahn den Betrieb – abgesehen von Sonderfahrten mit IV K-Maschinen. Seit dem 2. Mai 2001 verfügt die Fichelbergbahn allerdings über eine rumänische Diesellok für Schneepflug-, Reserve- und Bauzugdienste.

Früher fanden im Bahnhof Niederschlag regelmäßig Kreuzungen der beiden täglichen Züge statt. Heute ist täglich eine Zuggarnitur unterwegs, in den Sommermonaten mit Aussichtswagen. Allgemein begrüßt wurde die Maßnahme, den Zubringerverkehr auf der Zschopautalbahn Chemnitz–Bärenstein wieder aufzunehmen. Unter dem Namen »Erzgebirgsbahn« fahren dort Dieseltriebwagen der Gattung 642 sogar wieder bis ins tschechische Weipert. Auch die BVO Bahn GmbH war mit einer Diesellok V 60 zeitweise im Normalspurgeschäft aktiv.

Abfahrbereit steht der Zug nach Cranzahl am 4. September 2023 im Bahnhof Kurort Oberwiesenthal. Foto: Alfred Stehn

Die große Maschine in der Seitenansicht.

Wie in alten Zeiten müssen die Meyerloks in Steinbach mit Wasser versorgt werden, hier am 29. Januar 2017. Foto: Jürgen Herold

Preßnitztalbahn: Von Steinbach nach Jöhstadt durch landschaftliche Schönheit (750 mm)

Der Bahnhof Wolkenstein an der regelspurigen Zschopautalbahn Flöha–Annaberg-Buchholz war einst Ausgangspunkt der »WJ-Linie«, einer 750 mm-Schmalspurbahn durch das Schwarzwasser- und Preßnitztal nach Jöhstadt. Im dortigen Lokbahnhof übernachteten bis 1986 Lokomotiven der sächsischen Gattung IV K (Bauart »Meyer«), die für eine Fahrt durch die beschauliche Landschaft zu der 22,95 Kilometer entfernten Bergstadt gebraucht wurden. Heute ist dem noch existierenden Gebäude kaum anzusehen, einmal ein Schmalspurlokschuppen gewesen zu sein.

Zwar erinnert dort noch ein »Stahl-Scherenschnitt« der IV K 99 1542 in Originalgröße an die einstige Schmalspurherrlichkeit, doch der Eisenbahnkenner entdeckt weitere deutliche Spuren, dass sich hier einst kleine Loks und Wagen unter der 70 Meter höher gelegenen Burg Wolkenstein in Bewegung setzten. Zuerst noch unter Mitnutzung des Regelspurgleises als Dreischienengleis, zweigte die Bahn nach etwa 1,5 Kilometern von der Hauptbahn ab, um durch zahlreiche enge Bögen, 52 Gewässerüberquerungen und insgesamt 1.278 Meter Brücken dem fast 300 m höher gelegenen Zielbahnhof Jöhstadt (684 m über Seehöhe) entgegenzustreben. Unterwegs in Steinbach mussten die Lokomotiven auf zuletzt überwachsenen Gleisen am (heute denkmalgeschützten) Wasserhaus Wasser nehmen. Von dort aus über Schmalzgrube bis zum Endbahnhof erreichte der Zug entlang der Preßnitz und dem Schwarzwasser bei Jöhstadt fast die tschechische Grenze. Früher sorgte hier eine Feuerlöschgerätefabrik für hohes Güteraufkommen.

Die am 1. Juni 1892 nach einjähriger Bauzeit eröffnete Strecke Wolkenstein–Jöhstadt bediente einst neun Stationen und 38 Anschlussbetriebe. Nachdem 1977 erste Einschränkungen im Güterverkehr durchgesetzt wurden, übernahm mehr und mehr der Autobus die Reisenden, und aufgrund der nicht erfolgten Sanierungsinvestitionen war die Strecke in einem maroden Zustand. Bis zum 30. September 1984 wurde der Personenverkehr eingestellt, ebenso der Güterverkehr südlich von Niederschmiedeberg. Das Anschlussgleis der dortigen dkk-Kühlschrankfabrik bediente die DR weiterhin, allerding auch nur bis zum 21. November 1986, dem letzten Tag des Güterverkehrs auf der verbliebenen Reststrecke. In kurzer Zeit erfolgte danach der Streckenabbau, teils unter Einsatz eines Hubschraubers russischer Bauart (MI 24) von der INTERFLUG der DDR. Auf dem ehemaligen Gleisfeld des Bahnhofs Jöhstadt entstand ab 1988 ein Wohnblock in der bekannten Plattenbauweise.

Aufbau nach der Wende

Nach 1986 war von der Preßnitztalbahn kaum noch etwas zu sehen. Am 17. Oktober 1988 gründete sich die Interessengemeinschaft (IG) Preßnitztalbahn im Kulturbund der DDR, um im ehemaligen Bahnhof Großrückerswalde einen Denkmalzug aufzustellen. Nach der Wende erfolgte die erforderliche formale Neugründung auf Basis des nach Herstellung der deutschen Einheit geltenden Vereinsrechts.

Nach und nach erweiterten die von vielen als »Verrückte des Preßnitztales« bezeichneten Eisenbahnenthusiasten ihre Ziele bis hin zum Wiederaufbau des Streckenabschnitts Jöhstadt–Schmalzgrube(–Steinbach). Einen ersten Schritt dazu stellte im Frühjahr 1990 die Restaurierung der damaligen Jöhstädter Lokschuppenruine dar, alsbald waren dort auch die ersten Gleise verlegt. Im Januar 1992 konnte dann die IV K 99 1568 von

Der frühere Streckenteil der Preßnitztalbahn von Oberschmiedeberg bis Wolkenstein fungiert heute als attraktiver Radwanderweg, der an zahlreichen Stellen mit Hilfe der alten Bahnbrücken über die Preßnitz führt. In der Hirschleithe ist sogar ein originales 750-mm-Gleisstück im Asphalt liegen geblieben (oben; Foto: Jürgen Herold)!

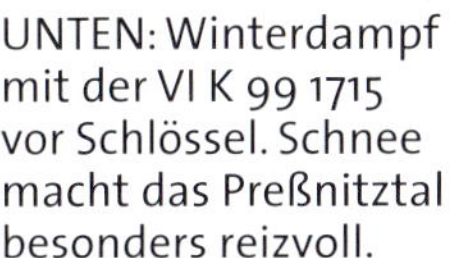

UNTEN: Winterdampf mit der VI K 99 1715 vor Schlössel. Schnee macht das Preßnitztal besonders reizvoll.

In Schmalzgrube können sich Züge begegnen oder überholt werden. Foto: Jürgen Herold

der DR zurückgeholt werden. Bei den Verkaufsverhandlungen im November 1991 einigte man sich gleichzeitig auf den Erwerb der 99 1542, so dass auch sie seit Mai 1993 dem Verein zur Verfügung steht. Hinzu kam die Denkmallok 99 1590 aus dem Bw in Leipzig-Engelsdorf und – nach mehreren Zwischenstationen – als vierte IV K die von der DR 1977 nach Norwegen verkaufte 99 1594.

7.500 Besucher erlebten zum 100-jährigen Streckenjubiläum vom 6. bis zum 8. Juni 1992 auf einem 100-Meter-Gleisstück erstmals wieder eine angeheizte Dampflok in Jöhstadt. Gleichzeitig liefen die Bauarbeiten an dem Streckenstück nach Schlössel auf Hochtouren, so dass es schon im Oktober 1993 fertiggestellt werden konnte. Kontinuierlich Stück um Stück verlängert (1995 bis Schmalzgrube, 1996 bis Forellenhof, 1998 bis Stolln), erreichte die Strecke daraufhin im Frühjahr 2000 mit Steinbach den heutigen Endpunkt der nunmehr acht Kilometer langen Museumsbahn. Seitdem fahren die Museumszüge – im Sommer mit rotem Aussichtswagen – an jedem Wochenende zwischen Mai und Oktober, im Advent, zum Jahreswechsel, in den Winterferien, im Frühjahr und zu Ostern sowie an Sonderfahrtagen durch das romantische Schwarzwasser- und Preßnitztal entlang ausgedehnter Wanderwege. Zwischen Schlössel und Jöhstadt wurde im Jahr 2005 eine moderne und geräumige Ausstellungs- und Fahrzeughalle eingeweiht, die seitdem für Veranstaltungen und zur Unterstellung der historischen Fahrzeuge zur Verfügung steht. Sie befindet sich dem Landschafts- und Ortsbild angepasst auf einem ehemaligen Fabrikgelände.

Ein Blick in die Zukunft

Seit 2022 wird an einer Verlängerung der Museumsbahn über Steinbach hinaus bis Oberschmiedeberg gearbeitet, seit dem Frühjahr 2023 liegen im Bahnhof Oberschmiedeberg die Gleise. Zudem wartet der Bahnhof Jöhstadt auf seine komplette

Triebfahrzeuge Preßnitztalbahn

Triebfahrzeug	Bauart	Baujahr	Hersteller	Bemerkungen
99 1542	B'B'n4vt	1899	Hartmann	sächsische IV K, betriebsfähig
99 1568	B'B'n4vt	1910	Hartmann	sächsische IV K, betriebsfähig
99 1590	B'B'n4vt	1913	Hartmann	sächsische IV K, betriebsfähig
99 1594	B'B'n4vt	1914	Hartmann	sächsische IV K, betriebsfähig
99 1715	Eh2t	1927	Hartmann	sächsische VI K, seit 2003 betriebsfähig; Eigentum der »GbR 99 715«
99 4511	Cn2t	1966	Raw Görlitz	Neubau aus einer Prignitz-Lok von 1899; bis 1998 Spielplatzobjekt, 2002 aufgearbeitet, seit 2019 abgestellt
I K Nr. 54	Cn2t	2009	Meiningen	Nachbau der sächsischen I K; Eigentum der Stiftung Sächsische Schmalspurbahnen, betriebsfähig
199 007	Cdm	1957	LKM Babelsberg	1992 von Papierfabrik Wilischthal, Typ NS 4
199 008	Cdm	1962	LKM Babelsberg	2002 von Kaolinwerk Kemmlitz, Typ V 10 C
199 009	Cdm	1964	LKM Babelsberg	1995 von Papierfabrik Wilischthal, Typ V 10 C

Wiederherstellung, der bereits erwähnte Wohnblock ist mittlerweile im Eigentum des Vereins und soll abgerissen werden. Nach der 2022 erstellten Zukunftsplanung der IG Preßnitztalbahn e. V. sollen im Jahr 2027 wieder Züge am Empfangsgebäude in Jöhstadt abgefertigt werden und von dort ab etwa 2030 auf die Reise ins zehn Kilometer entfernte Oberschmiedeberg geschickt werden.

Wichtige Fahrzeuge

Von Beginn an steht der Museumsbahn ein attraktiver Fahrzeugpark zur Verfügung und gehört zu den umfangreichsten und interessantesten Sammlungen in Bezug zur Streckenlänge. Der einsatzbereite Fahrzeugpark gibt den Charakter einer sächsischen Schmalspurbahn im Zeitraum der 1960er- bis 1980er-Jahre wieder

Schon früh waren auf der Preßnitztalbahn die Gelenklokomotiven der sächsischen Gattung IV K beheimatet, zu den Stamm-Maschinen der letzten Jahre gehörten mit 99 1568 und 99 1590 gleich zwei heute vereinseigene Maschinen. Auf der Preßnitztalbahn sind außerdem weitere wichtige Fahrzeuge wie die VI K 99 1715 und mit der I K Nr. 54 ein Nachbau der alten sächsischen Gattung aus dem Jahr 2009 unterwegs. Die lange Jahre betriebsfähig eingesetzte 99 4511 steht dagegen derzeit nicht betriebsfähig wettergeschützt abgestellt in der Fahrzeughalle.

Seit Oktober 2021 liegen wieder Gleise vor dem Empfangsgebäude Jöhstadt. Noch verhindert aber der Wohnblock im Hintergrund den vollständigen Wiederaufbau.

LINKS: Der Lokschuppen in Jöhstadt. Fotos: Jürgen Herold

IG Pressnitztalbahn e.V.
Am Bahnhof 78 • 09477 Jöhstadt
Tel. 037343 8080-37
verein@pressnitztalbahn.de
www.pressnitztalbahn.de

Döllnitzbahn GmbH
Bahnhofstraße 6
04769 Mügeln
Tel. 034362 32343
info@doellnitzbahn.de
www.doellnitzbahn.de

Ausfahrt für 99 1584 am 10. Juli 2022 aus dem Bahnhof Oschatz, im Hintergrund das sanierte Bahnhofsgebäude mit der Reiseagentur der DB. Foto: Rainer Kurth

Tradition mit Zukunft: Oschatz–Mügeln(–Kemmlitz) (750 mm)

Am 17. Dezember 1993 übernahm die neu gegründete Döllnitzbahn GmbH die vom Mügelner Streckennetz verbliebene Verbindung Oschatz–Mügeln–Kemmlitz mit dem damals noch stattfindenden Güterverkehr. Damit war sie die erste private Schmalspurbahn in Sachsen und den neuen Bundesländern. Im Jahr 1995 kam als weiteres Geschäftsfeld der Schülerverkehr dazu, der heute die Hauptaufgabe der Bahn bildet. Mit mehr als 50.000 Fahrgästen und jährlicher Verkehrsleistung von etwa 20.000 Kilometern weist die Döllnitzbahn eine stabile Nachfragesituation auf.

Blick in die Geschichte

Während sich in der zweiten Hälfte des 19. Jahrhunderts in den sächsischen Ballungsräumen unzählige Industriebetriebe ansiedelten, dominierte in Mittel- und Nordsachsen weiterhin die Landwirtschaft. Dazu gehörte auch die Gegend um Oschatz, Wurzen, Grimma und Döbeln. Steigende landwirtschaftliche Erträge erforderten Verkehrsmittel zum Transport der Güter. So wurde im September 1884 nach jahrelanger Planungs- und Bauzeit der erste Rübentransport zwischen Mügeln und Döbeln aufgenommen. Weitere Streckenausbauten folgten. Letztlich umfasste das gesamte Netz 72,7 Kilometer und schloss Strecken nach Döbeln, Wermsdorf, Neichen sowie an den Elbehafen von Strehla ein. Nicht nur der Anschluss an die Hauptbahn Dresden–Riesa–Leipzig, sondern auch ein direkter Hafenzubringer wurde damit geschaffen. Neben landwirtschaftlichen Produkten wurde der Kaolintransport aus der Region zu einem wirtschaftlichen Faktor bis zum Ende der 1980er-Jahre. Der zur Produktion von Porzellan, Keramik etc. benötige Grundstoff sicherte über viele Jahrzehnte hinweg einen stabilen Güterverkehr. Mügeln wurde mit 38 Gleisen und fünf Bahnsteigen alsbald zu einem der größten Schmalspurbahnhöfe Europas. Dennoch blieben die Strecken stets eine Hochburg der kleinen sächsischen Gelenklokomotiven der Bauart Meyer (sächsische IV K).

Das Mügelner Netz erhielt von der Bevölkerung den Spitznamen »Wilder Robert«, welcher auch heute noch im Sprachgebrauch verankert ist. Der Überlieferung nach wurde der Name »Wilder Robert« von einem Lokführer abgeleitet, der in den Anfangsjahren des Bahnbetriebes in Mügeln tätig war und durch seinen forschen Fahrstil auffiel.

Ab Mitte der 1960er-Jahre zeichnete sich der Niedergang ab. Teilabschnitte wurden nicht mehr befahren und zurückgebaut. Personenverkehr gab es ab 1972 nur noch auf dem 17,5 Kilometer langen Reststück Oschatz–Mügeln–Kemmlitz mit wenigen Zugpaaren unter der Woche. Am 28. September 1975 wurde schließlich auch der Personenverkehr eingestellt und nur noch Güterverkehr gefahren. Hauptfracht waren weiterhin Kaolin, Kohle sowie Industriegüter, die immerhin noch sieben IV K-Maschinen erforderten. Am 7. Oktober 1984 fuhren anlässlich des 1000. Geburtstags der Stadt Mügeln sowie des 100. Jubiläums des Bahnhofs wieder Personen-Sonderzüge.

Nach der Wiedervereinigung verkehrten zwischen 1991 und 1993 mehrfach Sonderzüge auf der verbliebenen Strecke. Die Gefahr der kompletten Einstellung war trotzdem wie auf allen sächsischen Schmalspurbahnen sehr hoch. Zum Glück kam es anders: Zum 1. Januar 1994 übernahm die kurz zuvor gegründete Döllnitzbahn GmbH den Betrieb von der Deutschen Reichsbahn. Drei Meyerlokomotiven, einige Güterwagen, eine Personenzuggarnitur sowie viele Rollwagen wurden übernommen. Die DBG rationalisierte den Güterverkehr und nahm 1995 den Personenverkehr in Form des

Spuren der Vergangenheit: Den Viadukt ganz oben durchquerte bis 1969 die Schmalspurbahn von Döbeln-Gärtitz nach Mertitz-Gabelstelle. Auf den Bildern darunter sind im Endpunkt Lommatzsch noch das Bahnhofsgebäude und ein Gleisrest im Asphalt zu finden. Rechts ist das Empfangsgebäude von Strehla zu sehen. Hier endete die Strecke aus Oschatz am Ufer der Elbe.

Am Bahnhof Nebitzschen kann der Traditionszug gemeinsam mit dem planmäßig eingesetzten 137 515 parallel ausfahren. Foto: Leonard Zwicker

Schülerverkehrs wieder auf. Schwierige Jahre folgten. Die Infrastruktur sowie der Fuhrpark waren sanierungsbedürftig, und beides konnte nur über einen langen Zeitraum und mit erheblichen Kosten instandgesetzt werden.

Nichtdestotrotz hat sich der lange Atem aller Beteiligten ausgezahlt. Am 21. April 2006 konnte sogar der ehemalige Streckenast Nebitzschen–Wermsdorf bis Glossen reaktiviert und mit der Feldbahn Glossen ein wichtiges Ausflugsgebiet angebunden werden. Die 11,35 Kilometer lange Stammstrecke Oschatz–Mügeln führt weiterhin planmäßigen werktäglichen Personenverkehr über die Haltepunkte Körnerstraße, Oschatz Süd, Altoschatz-Rosenthal, Thalheim, Naundorf und Schweta. 18 Personenwagen, zwei österreichische Gepäcktriebwagen sowie seit Dezember 2018 der moderne österreichische Triebwagen 137 515 stehen dafür zur Verfügung.

Zusammenarbeit mit dem DBV-FV »Wilder Robert«

Mit der Gründung des DBV-Fördervereins »Wilder Robert« e. V. haben Bahninteressierte ein erstes Zeichen des Traditionsbewusstseins gesetzt. An ausgewählten Wochenenden und Feiertagen sowie zu Sonderveranstaltungen kommen eine sächsische IV K (zumeist 99 1584) oder Gastfahrzeuge wie die I K zum Einsatz. Die Dampfloks 99 1561 und 99 1574 sind zurzeit abgestellt. Seit dem Sommer 2017 lädt bei allen Fahrten an den Wochenenden der neue Aussichtswagen zum Mitfahren ein. Zur festen Tradition zählen die Oster- und Pfingstfahrten, das Bahnhofsfest und die Halloweenfahrten. Besonders beliebt sind auch die Glühweinfahrten zwischen Weihnachten und Silvester. Diese locken jedes Jahr zu geselligen Fahrten durch die reizvolle Landschaft.

Seit August 2019 lädt das Geoportal Bahnhof Mügeln im sanierten Bahnhofsgebäude dazu ein, in einer multimedialen Ausstellung Wissenswertes über den Kaolinabbau und dessen Transport in der Mügelner Region zu erfahren. Das Eisenbahn-Postkartenmuseum im Oschatzer Südbahnhof bietet einen umfangreichen Einblick in eine einzigartige Sammlung von über 4.000 Ansichtskarten zum Thema Eisenbahn. Im selben Gebäude hat die Modellbahnausstellung des DBV-FV »Wilder Robert« ihren Platz gefunden. Dort bietet sich die Möglichkeit, die gerade abgefahrene Strecke noch einmal im Modell zu erleben.

OBEN: Das Heizhaus Mügeln ist der Betriebsmittelpunkt der Döllnitzbahn. Am 11. September 2021 findet anlässlich des Bahnhofsfestes eine Lokparade statt (Foto: Christian Sacher).

LINKS: Der Dieselzug auf dem Weg von Naundorf nach Thalheim (Foto: Sven Geist).

Triebfahrzeuge Döllnitzbahn

Triebfahrzeug	Bauart	Baujahr	Hersteller	Bemerkungen
99 1561	B'B'n4vt	1909	Hartmann	sächsische IV K, seit 2007 abgestellt
99 1574	B'B'n4vt	1912	Hartmann	sächsische IV K, seit 2018 abgestellt
99 1584	B'B'n4vt	1912	Hartmann	sächsische IV K; seit 2018 betriebsfähig
VT 137 515	B'B'	1995	Bombardier	vormals ÖBB (5090 15) und Ybbstalbahn (VT 15), seit 19.11.2018 im Einsatz
199 030	1'Bo 1'de	1940	Simmering	Gepäcktriebwagen 2091.010 der ÖBB, 1996 übernommen; betriebsfähig
199 031	1'Bo 1'de	1940	Simmering	Gepäcktriebwagen 2091.012 der ÖBB, am 23. März 2001 vom Öchsle übernommen; betriebsfähig
199 032	Cdm	1957	LKM Babelsberg	Typ Ns 4, vormals 199 008; abgestellt
199 034	Cdh	1981	Faur	Typ L30H, vormals Polen, abgestellt

Der historische Bahnhof Wilsdruff mit dem Lokschuppen am 10. Juli 2021. Foto: Jörg Lindner

Einst ein weit verzweigtes Netz: Verkehrsgeschichte in Wilsdruff (750 mm)

Gut 100 Kilometer umfasste bis 1966 das Wilsdruffer Schmalspurbahnnetz, das die ländliche Region zwischen Dresden, Meißen, Nossen und Frauenstein erschloss. Es entstand ab 1886 mit der Hauptlinie von Wilsdruff nach Freital-Potschappel, wo sogar eine Verbindung zur Weißeritztalbahn bestand. 1899 wurde die Strecke von Wilsdruff bis Nossen verlängert, und ab 1909 sorgte eine Verbindung nach Meißen-Triebischtal in Garsebach für den Anschluss des Mügelner Netzes. Zuletzt entstand 1923 die Strecke von Oberdittmannsdorf nach Klingenberg-Colmnitz als Lückenschluss zu der ab 1898 bestehenden Linie Klingenberg-Colmnitz–Frauenstein. Nun war Wilsdruff der Betriebsmittelpunkt dieses umfangreichen Netzes, das vor allem mit den fünfachsigen VI K-Dampflokomotiven betrieben wurde. In den sechziger Jahren unterzog man sie teilweise einer Rekonstruktion, wodurch dem Maschinendienst moderne Triebfahrzeuge zur Verfügung standen. Dennoch wurde ab 1966 zunächst die Linie Wilsdruff–Meißen stillgelegt, gefolgt vom Frauensteiner Zweig 1971 und der Stammstrecke nach Nossen ab 1972. Am 3. Dezember 1973 war mit dem Ende des Güterverkehrs Nossen–Siebenlehn das Ende der Strecken besiegelt.

Die Interessengemeinschaft Verkehrsgeschichte Wilsdruff e. V. gründete sich 1984 mit dem Ziel, die Erinnerungen an das ehemalige Netz nicht verblassen zu lassen. Die IG sammelte fortan unikate Sachzeugen, darunter Wagen und Wagenkästen, barg und restaurierte sie. 1996 konnte die Eisenbahnhistorische Schauanlage am ehemaligen Haltepunkt Wilsdruff eröffnet werden. Seit 2009 gibt es das Schmalspurmuseum Historischer Lokschuppen im alten Bw Wilsdruff, auf dessen Außengelände neu verlegte Gleise zu Draisinenfahrten einladen. Später soll das Streckenstück vom Lokschuppen zum Haltepunkt Wilsdruff wieder aufgebaut werden.

OBEN LINKS: Als Leihgabe stand die IV K 99 564 im Jahr 2022 im Lokschuppen Wilsdruff. Foto: Thomas Brunke
OBEN RECHTS: Gebäudeensemble und Fahrzeuge am Haltepunkt Wilsdruff 2021. **Foto: Jörg Lindner**

IG VERKEHRSGESCHICHTE WILSDRUFF E.V.
Freiberger Str. 50 • 01723 Wilsdruff
verein@wilsdruffer-schmalspurnetz.de
www.wilsdruffer-schmalspurnetz.de

Historische Spuren des alten Netzes findet man noch an vielen Orten: oben links der ehemalige Bahnhof Helbigsdorf mit einem Gleisrest, oben rechts der Lokschuppen Mohorn (Fotos: Jörg Lindner), unten links der Steinviadukt von Wilsdruff, unten rechts die Gepäcküberführung in Freital-Potschappel.

Der Schmiedeberger Viadukt ist ein berühmtes Motiv der Weißeritztalbahn. Am 11. Oktober 2022 herrschte gutes Wetter. Foto: Stefan Weiß

Zweite sächsische Schmalspurbahn: Freital-Hainsberg–Kurort Kipsdorf (750 mm)

Die Strecke vom Dresdener Vorort Freital-Hainsberg zum Kurort Kipsdorf im östlichen Osterzgebirge gilt heute als die älteste erhaltene sächsische Schmalspurbahn, die mit 26,34 Kilometern Länge zugleich den weitesten Einzugsbereich unter den heutigen im öffentlichen Personen-Nahverkehr tätigen Strecken besitzt. Vom unterhalb der Strecke Dresden–Tharandt (Albertbahn) gelegenen, ausgedehnten Schmalspurbahnhof führt ein Gleis zunächst durch die Stadt, dann aus den Industrievierteln hinaus in das reizvolle Tal der Roten Weißeritz. Während im oberen Streckenverlauf die Landschaft und der böhmische Einfluss Atmosphäre und Ausdruck der Linie bestimmen, spürt man in Hainsberg den letzten Hauch der Geschichte, auf die die Bahn nach 130 Jahren zurückblickt. Sie ging gleichzeitig mit der Kirchberger WCd-Linie in Planung, erhielt jedoch erst 1881 den ersten Spatenstich im Rabenauer Grund und wurde am 1. November 1882 bis Schmiedeberg, am 3. September 1883 bis Kipsdorf eröffnet. Bis 1972 diente das noch vorhandene dreischienige Verbindungsgleis nach Freital-Potschappel als Anschluss an das Wilsdruffer Netz bzw. als Überführungsgleis zu einem Wagenwerk, wurde allerdings 2003 durch den Ausbau der Albertbahn unpassierbar gemacht. Im Minutentakt folgen S-Bahn-Züge aus Dresden auf dem betonierten Stadtdamm der Hauptbahn und stehen im Kontrast zum innerstädtischen Kleinbahngleis inmitten einer grauen Betonlandschaft. Hinter dem Lokschuppen unter der Hauptbahnbrücke kreuzt ein ehemaliges normalspuriges Anschlussgleis die 750-mm-Spur, dann poltern die Wagen eine Steigung empor bis zur Höhe der Regelspur. Von dort gelangt der Zug in den wildromantischen Rabenauer und den Spechtritzgrund. Er passiert die Talsperre Malter, die kulturreiche Kreisstadt Dippoldiswalde und steigt dann parallel zur Bundesstraße 170 hinauf zum Endbahnhof. Interessante Bahnanlagen sind unter anderem das querliegende Kipsdorfer Empfangsgebäude, welches einen Gepäckaufzug für einen unter den Aufzug einstellbaren Güterwagen besitzt, sowie das hölzerne Bahnsteigdach in Dippoldiswalde, welches ehemals der Albertbahn in Hainsberg diente und den Profilfreiheiten für Rollwagentransporte entsprach. Der Güterverkehr mit aufgebockten Regelspurwagen bestand seit 1905 und wurde am 31. Dezember 1994 eingestellt.

Unterstützung erforderlich

Seit 1978 bemüht sich die IG Weißeritztalbahn e. V. um den Erhalt und die Förderung der Strecke. Obwohl 1998 grundlegende Streckenerneuerungsarbeiten stattfanden, zerstörte das schwere Hochwasser von 2002 weite Teile der Schmalspurbahn. Erst nach sechs Jahren Zwangspause ging die Bahn 2008 mit täglich einer Zugeinheit zwischen Freital-Hainsberg und Dippoldiswalde wieder in Betrieb. Zwischendurch hatte die IG Weißeritztalbahn ein Bahnhofsfest in Hainsberg und Sonderfahrten zwischen Seifersdorf und Dippoldiswalde sowie zwischen Obercarsdorf und Schmiedeberg organisiert, weil diese Abschnitte durch das Hochwasser weniger stark in Mitleidenschaft gezogen waren.

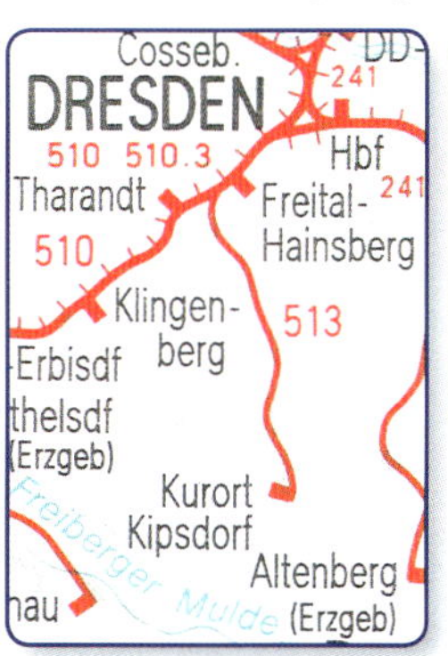

SDG Sächsische Dampfeisenbahngesellschaft mbH
Weißeritztalbahn
Am Bahnhof 1 • 01468 Moritzburg
Tel. 035207 8929-0
info@weisseritztalbahn.com
www.weisseritztalbahn.com

Der Traditionszug mit der IV K 99 608 am 13. Oktober 2022 im abendlichen Kurort Kipsdorf. Foto: Stefan Weiß

Die Einheitslok 99 1746 nimmt am 2. August 2009 in Dippoldiswalde Wasser.

Das Reststück von Dippoldiswalde zum Kurort Kipsdorf musste noch weitere neun Jahre bis zu seiner Reaktivierung warten. Erst am 17. Juni 2017 war es nach grundlegenden Sanierungsarbeiten möglich, wieder Dampfzüge bis zum Endbahnhof fahren zu lassen. Dem Hochwasserschutz wurde ebenfalls Rechnung getragen und 2019 der Flussquerschnitt erweitert.

Bis zum 6. Oktober 2004 gehörte die Strecke zu einer von der DB gegründeten Betreibergesellschaft (DB Services Südost GmbH) und wurde anschließend der BVO Bahn GmbH übertragen. Sie firmiert als SDG Sächsische Dampfeisenbahngesellschaft mbH und hat ihren Sitz in Moritzburg an der Lößnitzgrundbahn. Täglich verkehrt eine Zuggarnitur, in den Sommermonaten mit Aussichtswagen.

Noch immer steht mit 99 608 eine IV K für Sonderfahrten zur Verfügung, unter anderem mit dem Salonwagen der IG Weißeritztalbahn.

Triebfahrzeuge Weißeritztalbahn

Triebfahrzeug	Bauart	Baujahr	Hersteller	Bemerkungen
99 1608	B'B'n4vt	1921	Hartmann	sächsische IV K; für Traditionszüge
99 1734	1'E 1'h2t	1929	SMF Chemnitz	Einheitslok
99 1746	1'E 1'h2t	1929	Schwartzkopff	Einheitslok
99 1762	1'E 1'h2t	1933	Schwartzkopff	Einheitslok
99 1771	1'E 1'h2t	1952	LKM Babelsberg	DR-Neubaulok
99 1780	1'E 1'h2t	1953	LKM Babelsberg	DR-Neubaulok; seit 1996 Ersatzteilspender
99 1790	1'E 1'h2t	1957	LKM Babelsberg	DR-Neubaulok; Denkmallok auf dem Bahnhof Freital-Hainsberg
99 1793	1'E 1'h2t	1957	LKM Babelsberg	DR-Neubaulok
L45H 083	B'B'	1985	Werk »23. August« Bukarest	Diesellok für Reservedienste
Lok 1	Cdm	1964	LKM Babelsberg	Typ V 10 C der IG Weißeritztalbahn e.V.

OBEN: Einfahrt in den Bahnhof Dippoldiswalde hat die Einheitslok 99 1734 am 7. Oktober 2022. Das Bahnsteigdach stand ursprünglich an einer Normalspurstrecke und war wegen der großen Rollwagen-Ladungen hierher übernommen worden. Foto: Stefan Weiß
UNTEN LINKS: Einfahrt in Seifersdorf im Weißeritztal am 28. Februar 2016.
UNTEN RECHTS: Diese beiden Neubaulokomotiven haben ausgedient. 99 1790 fungiert als Denkmallok vor einem Rollwagenzug in Freital-Hainsberg, 99 1780 ist Ersatzteilspender. (31. März 2012)

Auch in Radebeul am Rande von Dresden kann es schneien, wie hier am 29. Februar 2016.

Seit 1974 traditionell: Radebeul Ost–Radeburg (750 mm)

Es ist nicht von ungefähr, dass die 16,55 Kilometer lange Schmalspurbahn vom Dresdener Ortsteil Radebeul nach Radeburg an der bedeutenden ersten deutschen Fernbahn Dresden–Leipzig liegt. Doch kämen die langgestreckten 750-mm-Gleise auf dem schmalen Geländestreifen neben der Schnellstrecke beinahe nicht zur Geltung, stünden hier nicht relativ gut einsehbar die Wagen des Traditions- und des Ausstellungszuges. Die noch immer mit Dampflokomotiven betriebene Strecke ist als Lößnitzgrund- sowie als Traditionsbahn bekannt.

Nach 13-monatiger Bauzeit ging die Linie als dritte der sächsischen Schmalspurbahnen am 16. September 1884 in Betrieb. Der Streckenverlauf folgt in Radebeul Ost, wo ein gemeinsames Empfangsgebäude mit Tunnelgang angelegt wurde, etwa 400 Meter parallel der Hauptbahn, biegt dann in den Stadtbereich ab und tritt am Ortsausgang in den engen Lößnitzgrund ein, dem er bis nach Friedewald nachgeht. Mit der Moritzburger Teichlandschaft sowie der Dippelsdorfer Teiche, die auf einem 210 Meter langen Damm gequert werden, wird ein begehrtes Dresdener Ausflugsgebiet erschlossen, welches vor allem durch Moritzburg mit dem gleichnamigen Barockschloss noch heute repräsentiert wird. Doch auch die Weinberge des Elbtals, viele Sehenswürdigkeiten sowie die Laußnitzer Heide im Bereich des Endpunktes Radeburg ziehen Touristen an und degradieren den noch vorhandenen Berufsverkehr in die sekundäre Position. Auch die zwischen Radebeul Ost und dem Haltepunkt Weißes Roß kreuzende Dresdener Straßenbahnlinie ist ein begehrtes Tourismusobjekt, sagt man ihr doch nach, die

SDG Sächsische Dampf-eisenbahngesellschaft mbH

Lößnitzgrundbahn
Am Bahnhof 1 • 01468 Moritzburg
Tel. 035207 8929-0
info@loessnitzgrundbahn.de
www.loessnitzgrundbahn.de

Traditionsbahn Radebeul e.V.

Am Alten Güterboden 4 • 01445 Radebeul
Tel. 0351 2134461 • verein@trr.de
www.traditionsbahn-radebeul.de

längste Stadtbahn Deutschlands zu sein. Güterverkehr bestand früher vor allem mit Rollwagen zum Schamottenwerk in Radeburg.

Nostalgie in der DDR

Neben dem heute von Neubaulokomotiven durchgeführten Regelbetrieb etablierte sich bereits zu DDR-Zeiten, nämlich am 10. August 1974, durch eine DMV-Arbeitsgemeinschaft ein Traditionsverkehr, der bei Eisenbahnfreunden einen hohen Popularitätsgrad erlangte. Nach der Wende konstituierte sich der Verein als Traditionsbahn Radebeul e. V. neu und fand mit Freizeiteisenbahnern eine gute Perspektive, um die mit Baujahren ab 1882 gesammelten Fahrzeuge zu pflegen, saisonal sonntags mit dem Traditionszug fahrend zu präsentieren oder in der 2008 eingerichteten Ausstellungshalle im Güterschuppen Radebeul darzubieten. Eine weitere historische Garnitur steht im Bahnhof Radebeul Ost als Denkmal.

Im Jahr 2000 wurden sämtliche Museumsfahrzeuge der DB AG abgekauft und damit einer sicheren Zukunft entgegengeführt. Als Zugfahrzeuge für den Traditionszug stehen 99 1586 alias IV K 176 und VI K 99 1713 betriebsfähig und in ursprünglichem Aussehen zur Verfügung, indes 99 1564 und Kleindieselloks Reservedienste leisten. 1993 wurde die Schaulok des Denkmalzuges, 99 1715, nach Wilsdruff abgegeben und dafür 99 1586 einge-

MITTE: Hinter dem Güterwagen versteckt sich am 2. August 2009 die Einheitslok 99 1761, um am Radebeuler Lokschuppen für den nächsten Einsatz vorbereitet zu werden.

DARUNTER: Heute besitzt die Lößnitzgrundbahn mit L45H 358 eine rumänische Reservediesellok.

Mit dem Schornstein voran dampfen die Lokomotiven nach Radeburg. Dort erholt sich 99 1761 vor dem Heizhaus.

setzt, die im Jahr 2008 die 99 1539 wegen abgelaufener Fristen ablösen musste. 1993 erhielt mit 99 1791 auch eine Neubaulok Einzug in den Museumspark.

Mit 99 604 und der 99 606 der Stiftung Sächsische Schmalspurbahnen befinden sich zwei »Leckerbissen« im Radebeuler Museum. Die Altbaulok 99 604 war nach der Auflösung des DGEG-Museums in Viernheim von 1989 bis 1997 in Bruchhausen-Vilsen abgestellt, ehe sie an das Museum Bochum-Dahlhausen abgegeben wurde. Seit 2008 ist sie wieder in ihrer angestammten sächsischen Heimat.

Die Diesellok vom Typ V 10C ist für Rangierdienste in Radebeul Ost stationiert.

Gesicherte Zukunft

Die Zukunft der Strecke mit den auch als »Grundwurm« bezeichneten Zügen lag bis 2004 bei der DB AG und ihren Betreibergesellschaften, wurde dann jedoch an die BVO Bahn GmbH, heute SDG Sächsische Dampfeisenbahngesellschaft mbH mit Sitz der Betriebsleitung im Bahnhof Moritzburg, abgegeben. Für den täglichen Dampfbetrieb wird regulär eine Neubaulok betriebsfähig vorgehalten. Im September 2009 feierte die Lößnitzgrundbahn ihr 125-jähriges Bestehen – und erlitt während der Feierlichkeiten leider den Zusammenstoß zweier Sonderzüge bei Friedewald. 52 Menschen wurden verletzt, die Neubaulok 99 1789, die Gastlok Nr. 20 der Mansfelder Bergwerksbahn und 11 Reisezugwagen wurden erheblich beschädigt. Am 19. August 2011 konnte die Lok 20 jedoch in fast nagelneuem Zustand dem Verein MBB e. V. zurückgegeben werden.

Die sächsische IV K ist eine Gelenklokomotive der Bauart Meyer. In Radebeul Ost wird 99 1564 am 2. August 2009 per Hand bekohlt.

Triebfahrzeuge Lößnitzgrundbahn

Triebfahrzeug	Bauart	Baujahr	Hersteller	Bemerkungen
99 1564	B'B'n4vt	1909	Hartmann	sächsische IV K; für den Traditionszugverkehr
99 1713	Eh2t	1927	Hartmann	sächsische VI K; für den Traditionszugverkehr
99 1747	1'E 1'h2t	1929	Schwartzkopff	Einheitslok
99 1761	1'E 1'h2t	1933	Schwartzkopff	Einheitslok
99 1775	1'E 1'h2t	1953	LKM Babelsberg	DR-Neubaulok
99 1777	1'E 1'h2t	1953	LKM Babelsberg	DR-Neubaulok
99 1778	1'E 1'h2t	1953	LKM Babelsberg	DR-Neubaulok
99 1779	1'E 1'h2t	1953	LKM Babelsberg	DR-Neubaulok
99 1789	1'E 1'h2t	1957	LKM Babelsberg	DR-Neubaulok
L45H 358	B'B'	1969	Werk »23. August« Bukarest	Diesellok für Reservedienste

Triebfahrzeuge Traditionsverein

Triebfahrzeug	Bauart	Baujahr	Hersteller	Bemerkungen
99 1539	B'B'n4vt	1899	Hartmann	sächsische IV K; ab 1974 Traditionslok, seit 2007 unbetriebsfähig im Radebeuler Museum ausgestellt; grün lackiert
99 1586	B'B'n4vt	1913	Hartmann	sächsische IV K; bis 2007 Denkmallok am Bahnhof Radebeul, dann Nachfolgerin von 99 1539 für die Traditionszüge; grün lackiert
99 1604	B'B'n4vt	1914	Hartmann	sächsische IV K mit Altbaukessel; seit 2007 in Radebeul, Eigentum der Stiftung SSB
99 1606	B'B'n4vt	1916	Hartmann	sächsische IV K; seit 2016 in Radebeul, Eigentum der Stiftung SSB
99 1791	1'E 1'h2t	1956	LKM Babelsberg	DR-Neubaulok; Denkmal Bahnhof Radebeul
Kleindieselloks der Gattung V 10 C und andere				

OBEN: IV K Nr. 176 und 99 1564 befördern am 2. August 2009 den Traditionszug am Haltepunkt Weißes Roß.

LINKS: Die im ursprünglichen sächsischen Grün lackierte IV K 176 hieß bei der Deutschen Reichsbahn 99 1586 und löste die Traditionslok 99 1539 ab. Hier am Lokschuppen in Radebeul Ost.

Im Güterschuppen ist ein Museum eingerichtet, in dem sich die Altbau-IV K 99 604 und die Traditionslok IV K 132 alias 99 1539 dem Publikum präsentieren.

Mit den historischen Wagen wirkt diese Szenenerie vom 6. September 2020 fast wie zu den früheren Zeiten der Schwarzbachbahn. Der Verein hat viele historisch wertvolle Wagen retten können. Foto: Andreas Fischer

Wiederaufbau der Schwarzbachbahn

Die Orte in der Sächsischen Schweiz waren Ende des 19. Jahrhunderts nur schwer zu erreichen. Lasten mussten mit Pferdefuhrwerken mühsam in die Berge transportiert werden. Deshalb war es dem Städtchen Hohnstein wichtig, in Großdorf-Kohlmühle die Anbindung an die Hauptstrecke Bad Schandau–Sebnitz zu bekommen. Die nur 12 Kilometer lange 750-mm-Strecke ging am 1. Mai 1897 in Betrieb und wurde bald als Schwarzbachbahn bekannt. Insbesondere, nachdem 1926 in der Burg Hohnstein eine Jugendherberge eingerichtet worden war, war die Bahn bei Ausflüglern beliebt. Sogar zwei Tunnel mussten auf der Fahrt über die Bahnhöfe Lohsdorf, Unterehrenberg und Oberehrenberg durchquert werden.

Nach dem Krieg aber war damit Schluss. Am 29. Mai 1951 wurde die Strecke stillgelegt und anschließend abgebaut, um das Material für andere Bahnbauprojekte zu verwenden. Obwohl die Reichsbahn mit einem Wiederaufbau rechnete, kam es nicht mehr dazu.

1995 gründete sich der Verein Schwarzbachbahn e. V., um die Strecke zu neuem Leben zu erwecken. Im Jahr 2000 wurde der Bahnhof Lohsdorf wieder mit Gleisen versorgt und damit zum heutigen Betriebsmittelpunkt. Bis 2019 wurden gute 600 Meter Gleise in Richtung Hohnstein wieder aufgebaut. Ziel ist die Wiederherstellung der 2,5 Kilometer bis Unterehrenberg. Ein gesamter Wiederaufbau ist aus Naturschutzgründen zurzeit allerdings fraglich.

Aus Schönheide hat der Verein die IV K 99 585 als Dauerleihgabe überreicht bekommen. Aber auch andere Dampfloks waren zu Bahnhofsfesten gerngesehene Gäste. Außerdem steht eine V 10 C für Dieselzugfahrten zur Verfügung.

Schwarzbachbahn e.V.

Am Kohlichtgraben 16 • 01848 Hohnstein
Bahnhof: Niederdorfstraße 1 in Lohsdorf
Tel. 035022 40440
verein@schwarzbachbahn.de

Auf dem Rückweg vom Kurort Jonsdorf nach Zittau durchfährt die Einheitslok 99 1760 eine reizvolle Landschaft. Foto: David Hobler

Am äußersten Zipfel Sachsens: Zittau–Oybin/Jonsdorf (750 mm)

Im Süden der Oberlausitz, dicht an der tschechischen Grenze, liegt die Kreisstadt Zittau, die von mehreren Hauptbahnen angefahren wird: Bischofswerda–Zittau (»trilex-express«), Görlitz–Zittau (Ostdeutsche Eisenbahngesellschaft) sowie im grenzüberschreitenden Verkehr Rybniste–Zittau–Liberec (»trilex-express«). Mehrmals am Tag dampfen von Zittau aus aber auch Schmalspurlokomotiven auf 750-mm-Spur ins Zittauer Gebirge zu den Kurorten Oybin und Jonsdorf.

Am östlichen Bahnhofsvorplatz beginnt in Zittau das 1905 angelegte Schmalspurgelände. Lokbehandlungsanlage, Wagenwerkstatt und Abstellgleise erstrecken sich in westliche Richtung, während die Züge nach Osten dampfen. Dabei durchqueren sie niveaugleich die Strecke nach Reichenberg (Liberec) und nach etwa vier Kilometern die Stadt. Während nach Zittau Haltepunkt der 745 Meter lange Neißeviadukt unterfahren wird, vor dem bis 1945 ein Anschluss zur 1896 gebauten Schmalspurbahn Zittau–Reichenau i. S.–Hermsdorf i. B. lag, ist in Zittau Vorstadt die Stelle erreicht, wo der Abschnitt Zittau–Oybin ab 1913 zweigleisig begann. Nach Olbersdorf ist am Waldrand des Gebirges der Trennungsbahnhof Bertsdorf erreicht. Von hier steigen die Strecken bis zu den lieblichen Kurorten im höheren Gebirge an, wobei von Zittau bis Oybin insgesamt 136 und bis Jonsdorf 197 Höhenmeter zu überwinden sind.

Privat entstanden

Vermutlich aufgrund des dezentral liegenden Einzugsbereichs der 14,41 Kilometer langen Strecken genossen diese nur geminderte Priorität; jedenfalls war seitens des Staates kein Geld für Bau und Betrieb zu bekommen, so dass die beiden Zittauer Bürger Goldberg und Thiemer in Eigeninitiative die Entstehung der Bahn forcierten. Sie gründeten die Zittau-Oybin-Jonsdorfer Eisenbahn (ZOJE) und ernteten mit der Inbetriebnahme am 25. November 1890 großen Erfolg. Der Ausflugsverkehr war, besonders an Wochenenden und bei gutem Wintersportwetter, noch bis vor wenigen Jahren derart stürmisch, dass selbst mit Verstärkungswagen oder Entlastungszügen teilweise chaotische Zustände auftraten. Der eigentlich beträchtliche Güterverkehr blieb stets zweitrangig, doch waren positive Bilanzen bereits Grund genug, die Strecken zum 1. Juli 1906 zu verstaatlichen und den Abschnitt nach Oybin zweigleisig auszubauen.

Ende der 1980er Jahre wäre der Bahn beinahe die Ausweitung des Braunkohletagebaus in Olbersdorf zum Verhängnis geworden, was den Abriss oder zumindest die Verlegung zur Folge gehabt hätte. Doch die Wende 1990 verhinderte Schlimmeres: Die Regierung stoppte den Abriss der in Tagebaunähe gelegenen Siedlungen und stellte den Braunkohleabbau 1991 ein. Heute ist der einstige Tagebau zu einem Erholungssee geflutet und die Bahn erfreut sich weiterhin großer Beliebtheit. Zum 1. Dezember 1996 übernahm die Sächsisch-Oberlausitzer Eisenbahngesellschaft (SOEG) mit dem Landkreis als Hauptgesellschafter den Betrieb von der DB AG. Seit 2005 wurden die Gleisanlagen grundlegend saniert.

Dampfbetrieb

Die SOEG ist seit der DR-Zeit traditionell ein Betrieb mit 1'E 1'-Einheitslokomotiven. Die 1992 bei einigen Lokomotiven installierte Ölfeuerung sollte modern und ökonomisch sein, wurde ab Anfang 1997 allerdings wieder entfernt, weil sich die Ölabgase und die Brennergeräusche als unzumutbar erwiesen. Seit den siebziger Jahren gibt es in Zittau außerdem die von der Trusetalbahn übernommene Rangierlokomotive 99 4532, die seit 1. Februar 2001 dem Interessenverband Zittauer Schmalspurbahnen gehört und nicht betriebsfähig ist. Den Eisenbahnfreunden gelang allerdings die Wiederinbetriebnahme der ehemaligen Söllmnitzer Denkmallok 99 1555, die mit grüner Lackierung und der Nummer IV K 145 vor historischen Wagen eingesetzt wird. Außerdem besitzen sie einen der vier einzigen jemals regulär eingesetzten sächsischen Schmalspurtriebwagen, die Stangendiesellok 199 013 und seit 2011 eine neumotorisierte L45H mit über 600 PS und der Bezeichnung 199 018.

Ein berühmtes Motiv der Zittauer Schmalspurbahnen ist die Stadtansicht an der Ausfahrt des Bahnhofs Zittau Vorstadt. Foto: David Hobler

Triebfahrzeuge SOEG

Triebfahrzeug	Bauart	Baujahr	Hersteller	Bemerkungen
99 731	1'E 1'h2t	1928	Hartmann	Einheitslok im genieteten Ursprungzustand; in Betrieb
99 735	1'E 1'h2t	1928	Hartmann	Einheitslok, seit 2010 abgestellt in Bertsdorf
99 749	1'E 1'h2t	1929	Schwartzkopff	Einheitslok, in Betrieb
99 750	1'E 1'h2t	1929	Schwartzkopff	Einheitslok; Ölfeuerung, seit 1997 abgestellt
99 757	1'E 1'h2t	1933	Schwartzkopff	Einheitslok; seit 1994 abgestellt in Zittau
99 758	1'E 1'h2t	1933	Schwartzkopff	Einheitslok; in Betrieb
99 760	1'E 1'h2t	1933	Schwartzkopff	Einheitslok; Ölfeuerung, derzeit HU in Zittau
99 787	1'E 1'h2t	1955	LKM Babelsberg	DR-Neubaulok; derzeit HU, Umbau auf Leichtölfeuerung; in Betrieb
99 4532	Dn2t	1924	Orenstein & Koppel	vormals Trusetalbahn, 1974 übernommen; seit 1989 abgestellt, Eigentum des IV Zittauer Schmalspurbahnen e. V.
99 555	B'B'n4vt	1908	Hartmann	sächsische IV K Altbau in sachsengrün, vormals Denkmallok in Söllmnitz; Eigentum des IV Zittauer Schmalspurbahnen e. V.
VT 137 322	B'2'	1938	Linke-Hoffmann-Werke	letzter originaler 750-mm-Triebwagen; Leihgabe des Verkehrsmuseums Dresden
199 013	C dh	1980	Werk »23. August« Bukarest	Reserve-Diesellok, Bauart L30H; von Zuckerwerk Zbiersk (Polen)
199 018	B´B´	1973	Werk »23. August« Bukarest	Reserve-Diesellok, Bauart L45H, aus Rumänien; mit 700 PS neumotorisiert

SOEG mbH

Bahnhofstraße 41
02763 Zittau
Tel. 03583 540540
info@zittauer-schmalspurbahn.de
www.zittauer-schmalspurbahn.de

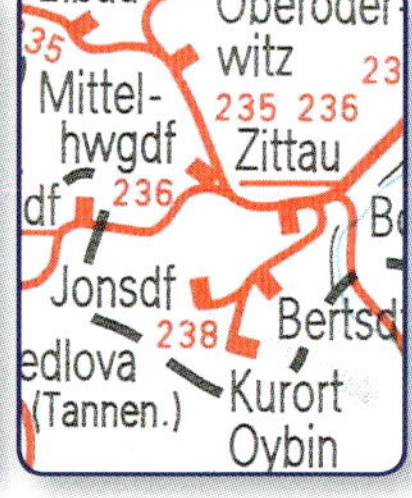

Die SOEG fährt heute mit grünen Personenwagen, wobei in jedem Zug ein barrierefreier Wagen vorhanden ist. An den Wochenenden in der Hauptsaison (Ostern–Oktober) laufen der Sachsenzug mit IV K und der Reichsbahnzug mit 99 731 im Gebirgspendel. In Kooperation mit der Döllnitzbahn gibt es außerdem diverse Gastauftritte und Fahrzeugtausch-Aktionen.

Im Trennungsbahnhof Berts-dorf sind die Doppelausfahrten immer ein besonderes Spektakel, hier am 20. Mai 2022. Foto: Mario England

Auf kleiner Spur durch die Heide: Waldeisenbahn Muskau (600 mm)

Die Lokomotive 99 3312 trägt den schönen Namen »Diana«. Im Gegensatz zu den Brigadeloks hat sie einen Kohlenkasten an der Führerhausrückwand. 8. September 2010. **Foto: Heiko Lichnok**

Zwischen 1895 und 1897 ließ Graf Hermann von Arnim, Besitzer der Standesherrschaft Muskau, eine 600-mm-Güterbahn bauen, mit der er die Rohstoffe der mit Wald-, Kohle-, Ton- und Kiesvorkommen reichen Lausitzer Heide abtransportieren wollte. Die entstandenen Industrien ließen die »Gräfliche von Arnim'sche Kleinbahn« alsbald große Transportaufgaben erfüllen, so dass sie bis 1939 zwölf Lokomotiven und 550 Wagen umfasste. Je nach Bedarf wurden Stichstrecken und Verbindungslinien auf- und wieder zurückgebaut, so dass die Streckenlänge stetig fluktuierte. Sechs Stammlinien brachten es auf eine Länge zwischen 50 und 75 Kilometern. Als Privatbahn betrieb die Waldbahn keinen öffentlichen Verkehr, weshalb sie auch nicht den preußischen Kleinbahngesetzen unterworfen war. 1933 aber musste wegen Straßenbauarbeiten ein nach Südwesten führender Teilabschnitt vom übrigen Netz getrennt werden, so dass südlich der Hauptbahn Cottbus–Görlitz eine »Inselstrecke« entstand.

Nach dem Zweiten Weltkrieg wechselten die Besitzverhältnisse der kleinen Schmalspurbahn in schneller Folge zum Rat der Stadt Muskau, zur Hauptverwaltung Land- und Forstwirtschaft und schließlich zum VVB Kraftverkehr, bis 1951 die Rbd Cottbus die Regie übernahm.

Feldbahnmanier

Bedingt durch die geringe Spurweite waren unkomplizierte Streckenanlagen und Betriebsabläufe möglich. 30 Promille betrug die stärkste Neigung, die Gleise wurden in Kies oder Sand gebettet und die Züge fuhren weder nach einem festen Fahrplan noch mit dem üblichen Zugmeldeverfahren. Die Lokomotiven, die nach ersten Pferdeeinsätzen erst ab 1896 aktiv wurden, waren nur einmännig besetzt und auf der Esse mit großen

Triebfahrzeuge Waldeisenbahn Muskau

Triebfahrzeug	Bauart	Baujahr	Hersteller	Bemerkungen
99 3312	Dn2t	1912	Borsig	Original-WEM-Lok
99 3317	Dn2t	1918	Borsig	Original-WEM-Lok, ursprünglich als Brigadelok für Heeresfeldbahnen gebaut; von 1979 bis 1990 Denkmal in Weißwasser, danach aufgearbeitet
Hilax	Bn2t	1938	Jung	1998 von Pioniereisenbahn Gera übernommen
Lok 5	Bn2t	1928	Borsig	1989 vom Museum Hoyerswerda übernommen
Erna	Cn2t	1958	Chrzanow	1999 von polnischer Waldbahn übernommen
Kö 0451	Bdm	1957	LKM Babelsberg	Typ Ns 3
Kö 0452	Bdm	1960	LKM Babelsberg	Typ Ns 3
Kö 0453	Bdm	1956	LKM Babelsberg	Typ Ns 3
Kö 0454	Bdm	1957	LKM Babelsberg	Typ Ns 3
Kö 0471	Cdm	1971	LKM Babelsberg	Typ V 10 C; vormals Tongrube Buchwäldchen
Kö 0472	Cdm	1969	LKM Babelsberg	Typ V 10 C; vormals Tongrube Buchwäldchen
Kö 0473	Cdm	1961	LKM Babelsberg	Typ V 10 C; vormals Ziegelei Weißwasser
Kö 0474	Cdm	1960	LKM Babelsberg	Typ V 10 C; vormals Ziegelei Weißwasser

diverse Feldbahnlokomotiven des Typs Ns 2, Ns 2f und Ns 2h,
diverse Kleinlokomotiven sowie eine Akkulok

Kobelaufsätzen ausgestattet, um die Waldbrandgefahr zu minimieren. Die ersten drei Cn2t-Maschinen wurden zwischen 1895 und 1899 von Krauss geliefert (davon heute erhalten: 99 3301, vormals 99 3311), während 1912 die Dn2t-Lok »Diana« (99 3312) folgte. Ab 1931 übernahmen Dn2t-Brigadelokomotiven aus dem Ersten Weltkrieg den Hauptverkehr (99 3310 und 99 3311 sowie 99 3313 bis 99 3318). Die Züge wurden von Bremserbühnen aus handgebremst, und das Wasser für die Lokomotiven kam aus offenen Wasserstellen mitten im Wald.

Zu Beginn der sechziger Jahre waren derart schwere Kohle- und Tonzüge zu transportieren, dass zeitweise zwei Maschinen nötig waren und ein zweigleisiger Ausbau von Abschnitten zur Diskussion stand. Ab 1965 aber wurde die Konkurrenz zu Lastwagen größer und größer. Am 29. März 1978 kam für die meisten der kleinen Schienen in den Lausitzer Kieferwäldern das Ende; nur der zwölf Kilometer lange Abschnitt von Bad Muskau zur Ziegelei Weißwasser in Mühlrose wurde weiterhin als Werkbahn betrieben.

Museumsaktivitäten

Dieses Reststück bildete 1984 die Grundlage für die Aktivitäten des Vereins Waldeisenbahn Muskau e. V. (WEM), der fortan Sonderfahrten mit Personenzügen auf dieser Strecke durchführte. Mit kommunaler Unterstützung gelang sogar der Wiederaufbau der Linie zum Rhododendronpark nach Kromlau, wo am 30. Mai 1992 der erste planmäßige Zug zum Einsatz kam. Im Jahr 1995 konnte auf historischer Trasse die Verbindung in den weltberühmten Fürst-Pückler-Park nach Bad Muskau wieder in Betrieb genommen werden. Die ursprünglich erhaltene Strecke nach Mühlrose ist heute denkmalgeschützt und der touristische Fahrverkehr wird mit einer neu gegründeten Gesellschaft realisiert.

Der alte Betriebshof am Muskauer Bahnhof in Krauschwitz konnte leider nicht wieder an das Netz der WEM angeschlossen werden. Dort hatte am 22. Dezember 1980 nach dem Streckenrückbau die letzte 600-mm-Dampflok unter Dampf gestanden. Später diente die Stätte der Aufarbeitung von Elektrofahrzeugen und -geräten der Bahn, ehe die DB AG den Betrieb übernahm und nach kurzer Zeit einstellte.

Der neue Betriebsmittelpunkt der WEM liegt in Weißwasser an der Teichstraße. Nebenan befindet sich das Waldbahnmuseum »Anlage Mitte« (früher die Tonziegelei) mit einem Besucherzentrum, in dem eine Fahrzeugausstellung und Schautafeln zur Geschichte der Bahn zu sehen sind. Für die Instandhaltung und die wettergeschützte Unterstellung der Fahrzeuge des Personenverkehrs steht der WEM seit 2008 in Weißwasser ein modernes Bahnbetriebswerk zur Verfügung.

Mit den beiden 1994 bzw. 1995 reaktivierten Loks 99 3312 (»Diana«) und 99 3317 hat die WEM heute wieder zwei originale Fahrzeuge im Betrieb. Beide haben in der Region als Denkmäler überlebt. Ferner beherbergt die Waldeisenbahn über 30 Diesel- und Akku-Lokomotiven sowie rund 100 historische Wagen.

OBEN: 99 3317 ist die vereinseigene Brigadelok und betriebsfähig. Am 9. September 2009 war das Wetter gerade richtig, um sich als Fahrgast im offenen Wagen befördern zu lassen. **Foto: Heiko Lichnok**
MITTE: In Weißwasser werden am 28. Oktober 2005 restaurierte Brigadewagen mit Schotter beladen.
UNTEN: Die ehemalige Muskauer Brigadelok 99 3310 dampft heute auf der schwedischen Ohsabanan Ohs Bruk–Gimarp/Bor im Småland. Die 1917 von Orenstein & Koppel gebaute Lok wurde 1983 von der dortigen Museumsbahn erworben und im DR-Zustand belassen. Am 1. August 2001 fährt sie in Ohs Bruk ein. **Foto: Marie Guthaus-Heilbrink**

Das Gebäude des ehemaligen Betriebsmittelpunkts der Muskauer Waldeisenbahn in Krauschwitz existiert noch. Hier am 28. Oktober 2005.

Waldeisenbahn Muskau GmbH
Jahnstraße 5
02943 Weißwasser
Tel. 03576 207472
wem.gmbh@waldeisenbahn.de
www.waldeisenbahn.de

Denkmäler in Sachsen

Als Erinnerung an die Thumer Schmalspurbahnen (Thum–Wilischthal, Thum–Meinersdorf und Thum–Schönfeld-Wiesa) wurde im ehemaligen Bahnhof Geyer die IV K 99 1534 als Denkmal aufgestellt (oben links). Auch der dortige Lokschuppen ist erhalten und dient als Museum. Ferner existiert noch das Heizhaus des alten Bahnbetriebswerks Thum (Aufnahme unten, 30. Juli 2009). Im Verkehrsmuseum Dresden ist darüber hinaus die Lokomotive 99 535 als Altbau-IV K in der originalen Lackierung der 1960er-Jahre erhalten (oben rechts).

OBEN: Am Bahnhof Wilischthal ist diese Stahlgitterbrücke ein weiteres Überbleibsel des Thumer Schmalspurbahnnetzes. Noch bis 1991, als das übrige Netz schon längst abgebrochen war, wurde von hier aus die Papierfabrik Wilischthal bedient.

OBEN: Im Eisenbahnmuseum Chemnitz-Hilbersdorf ist die Meyerlok 99 1566 erhalten. Die meiste Zeit war sie auf dem Mügelner Schmalspurbahnnetz eingesetzt und hatte dort 1988 einen Unfall erlitten. Hier steht sie auf einem DR-Transportwagen für Schmalspurfahrzeuge.

LINKS: In Mulda sind diese Brückenpfeiler der ehemaligen 750-mm-Schmalspurbahn nach Sayda als Denkmal erhalten. 29. Juli 2009.

RECHTS: Auch in Mülsen St. Niclas erinnert ein Brückenpfeiler an die schon 1951 stillgelegte Mülsengrundbahn von Mosel nach Ortmannsdorf. Aufnahme vom 26. Juli 2014.

Die sächsische Lokomotive des Öchsle wurde den westdeutschen Verhältnissen angepasst. Hier am 3. Oktober 2020. Foto: Markus Held

Das »Öchsle«: Ochsenhausen–Warthausen (750 mm)

Seit 1899 existiert zwischen Ochsenhausen und Warthausen eine als »Öchsle« bekannte Schmalspurbahn mit einer Spurweite von 750 mm. Ursprünglich verlief die Strecke weiter nach Biberach an der Riß. Mit der Einstellung des Personenverkehrs im Jahr 1964 wurde dieser Abschnitt aber abgebaut. Bis 1983 führte die damalige Deutsche Bundesbahn den Betrieb des »Öchsle« im Güterverkehr fort: Mit Dieselloks der Baureihe V 51 wurden auf Rollböcke aufgebockte Güterwagen vornehmlich für die Firma Liebherr auf der Schmalspurbahn befördert. Nach der Einstellung des Güterverkehrs im Jahr 1983 gründete sich der Verein Öchsle-Schmalspurbahn e. V., der sich den Erhalt der Bahn und die Einrichtung eines Museumsbetriebes auf der Strecke auf die Fahnen schrieb. Der Landkreis Biberach erklärte sich mit den Anliegergemeinden bereit, die Strecke zu übernehmen. Bereits 1985 startete ein erster Museumsbetrieb, den eine private Betreibergesellschaft mit polnischen Schlepptenderloks der Baureihe Px 48 durchführte. Diese Konstellation bewährte sich jedoch nicht. Die Last des Betriebes wird seit 2001 gemeinsam vom Landkreis Biberach, den Kommunen sowie natürlich den ehrenamtlich Aktiven des Vereins über eine kommunale Betriebsgesellschaft getragen.

Fahrten finden von Mai bis Oktober an jedem Sonntag, an jedem ersten und dritten Samstag im Monat und zusätzlich im Sommer auch an Donnerstagen statt. Als Betriebslok für die Dampfzüge wird die VI K 99 716 genutzt, die im Jahr 1927 in Chemnitz gebaut wurde, aber schon bald nach Württemberg auf die Zabergäu- und Bottwartalbahn kam. Als zweite Dampflok steht die 99 788 bereit, die seit 2012 nach einer umfangreichen Aufarbeitung wieder einsatzbereit ist. Die im Jahr 1957 als Neubaulok entstandene Maschine wurde 2001 aus Sachsen übernommen. Die Originaldampflok der Strecke, die im Jahr 1899 gebaute 99 633 (württembergische Tssd), ist seit 2014 ebenfalls betriebsfähig und kommt vor allem bei Sonderzugfahrten zum Einsatz. Außerdem ist es dem Verein gelungen, die Steinheimer Denkmallok 99 651 nach Ochsenhausen zu holen.

Neben der Gmeinder-Diesellok V 22-01, die leihweise von der Jagsttalbahn zur Verfügung gestellt wurde, und einer HF 130 C befindet sich die aus Spanien zurückgeholte Diesellok V 51 903 seit 2009 ebenfalls wieder beim Öchsle.

OBEN: Der Blick auf die Vorderseite der Lok 99 788 zeigt das an die DB-Schmalspurloks angepasste Gesicht mit Druckluftbehälter und kleineren Laternen. Foto: Markus Held

LINKS: Mit der VI K 99 716 steht dem Öchsle eine wichtige württembergische Dampflokbaureihe zur Verfügung. Obwohl die Bauart ursprünglich aus Sachsen kommt, war 99 716 lange Jahre bei Heilbronn für die DB im Einsatz. Foto: Hans Thalmann

UNTEN: Zugkräftige Ausfahrt aus Ochsenhausen am 3. Oktober 2020. Foto: Markus Held

Öchsle Schmalspurbahn e.V.

Postfach 1228
88412 Ochsenhausen
Tel. 07352 922026
verein@oechsle-bahn.de
www.oechsle-bahn.de

Ein Bild aus alten Tagen, als 251 903 den Güterverkehr versah: mit zehn Wagen 1978 bei Äpfingen. Foto: Gerhard Baum

Triebfahrzeuge Öchsle Schmalspurbahn

Triebfahrzeug	Bauart	Baujahr	Hersteller	Bemerkungen
99 633	B'Bn4vt	1899	Maschinenfabrik Esslingen	württembergische Tssd, Original-Mallet der Strecke Ochsenhausen–Warthausen; wurde von der DGEG auf der Jagsttalbahn im Museumsdienst eingesetzt und ist seit 2002 wieder beim Öchsle; betriebsfähig
99 651	Eh2t	1918	Henschel	sächsische VI K; 1928–1965 eingesetzt beim Öchsle, danach auf der Bottwar- und Zabergäubahn in Württemberg; 1969–2016 Denkmal in Steinheim, dann Übernahme durch Öchsle
99 716	Eh2t	1927	Hartmann	sächsische VI K; eingesetzt auf der Bottwar- und der Zabergäubahn in Württemberg; bis 1993 Denkmal in Güglingen, dann Übernahme und Aufarbeitung durch das Öchsle
99 788	1'E 1'h2t	1956	LKM Babelsberg	DR-Neubaulok für die sächsischen Schmalspurbahnen; 2001 übernommen
V 51 903	Bo'Bo'	1964	Gmeinder	DB-Nachkriegsdiesellok für die württembergischen Schmalspurbahnen; 2008 aus Spanien zurückgeholt und nun in Aufarbeitung
V 22-01	Bdh	1965	Gmeinder	Leihgabe der Jagsttalbahn
V 15 908	Cdh	1946	Gmeinder	Nachbau der Heeresfeldbahnbauart HF 130 C

Triebfahrzeuge Öchsle Normalspur

Triebfahrzeug	Bauart	Baujahr	Hersteller	Bemerkungen
Kö 0255	Bdm	1936	Gmeinder	nicht betriebsfähig
Kö 0262	Bdm	1936	Gmeinder	nicht betriebsfähig

Denkmäler in Baden-Württemberg (750 mm)

Bottwartalbahn Heilbronn Süd–Marbach (oben)

Die Lokomotive 99 651 war die letzte von der DB eingesetzte Schmalspur-Dampflok. Sie ist eine sächsische VI K und stand bis 2016 als Denkmal im alten Bahnhof Steinheim (Murr) der Bottwartalbahn. Jetzt gehört sie dem »Öchsle«. Foto: Marco Dotzauer

Federseebahn Bad Schussenried–Buchau (unten)

Eine echte württembergische Tssd, die Malletlok 99 637, erinnert in Bad Buchau an die 1970 stillgelegte Federseebahn in der Nachbarschaft des im vorigen Kapitel vorgestellten »Öchsle«, hier am 1. Juli 2019.

Seit November 2021 gibt es wieder Zugbetrieb im Bahnhof Dörzbach. Die V 22-02 steht hier vor dem Museumszug. Foto: Stefan Haag

Wieder erwacht: Die Jagsttalbahn (750 mm)

Die Jagsttalbahn Möckmühl–Dörzbach war die letzte planmäßig betriebene 750-mm-Schmalspurbahn Westdeutschlands. Sie wurde vom 18. März 1899 bis zum 10. Dezember 1900 erbaut und am 15. März 1901 durch die Betreibergesellschaft Vering & Waechter eröffnet. Das Einzugsgebiet war ein vor allem kulturell geprägtes, aber auch landschaftlich sehr reizvolles Tal in Baden und Württemberg, das durch die Klosteranlage in Schöntal, durch das Goethe-Drama in Berlichingen und das »Götz-Zitat« in Krautheim berühmt wurde. Die Bahn blieb bis zuletzt in privater Hand: seit dem 1. April 1917 unter der Deutschen Eisenbahn-Betriebsgesellschaft (DEBG) sowie seit dem 10. Dezember 1962 unter der Südwestdeutschen Eisenbahngesellschaft mbH (SWEG). Die SWEG erlaubte 1971 die Etablierung eines Museumsbetriebs, nachdem am 24. Oktober 1965 die letzte Dampflok im Einsatz gestanden hatte. Die Deutsche Gesellschaft für Eisenbahngeschichte (DGEG) führte bis 1984 mit der dreiachsigen Lok »Helene« und der Malletlok 99 633 Nostalgiefahrten durch, die dann von der SWEG mit Heeresfeldbahnmaschinen fortgeführt wurden.

Von 1966 bis 1979 betrieb die SWEG einen geringen Schülerverkehr mit den Triebwagen VT 300 und VT 303 und vier zugekauften Personenwagen der ehemaligen K.W.St.E. sowie den Zuckerrüben-Ernteverkehr (eingestellt 1986) mit den Diesellokomotiven V 22 01, V 22 02 (zusammengekuppelt als »Jagsttal-Krokodil« bezeichnet) und V 22 03 (»Stoppelhopser«). Dann wurde am 22. Dezember 1988 der Güterverkehr eingestellt und damit der Betrieb auf der letzten 750-mm-Schmalspurbahn Westdeutschlands beendet. Der schlechte Oberbau sollte auch für die Museumszüge das Ende bedeuten. Die Gleise lagen noch bis 1997 ungenutzt und wuchsen allmählich zu, als es die Stadt Möckmühl durchsetzte, die Trasse bis zum Bahnhof Widdern zu entfernen.

Seit der Betriebseinstellung bemüht sich der Verein Jagsttalbahnfreunde e. V. um die Wiederinbetriebnahme und Sanierung der Strecke. Nach mehreren erfolglosen Versuchen wurden in Eigenleistung die Gleisanlagen des Bahnhofs Dörzbach wiederhergestellt und dort im November 2021 der Museumsbetrieb mit Diesellok 22-02, Sommerwagen 113

Triebfahrzeuge Jagsttalbahn

Triebfahrzeug	Bauart	Baujahr	Hersteller	Bemerkungen
Lok 24 (2.)	Ch2t	1929	Henschel	Originaldampflok der Jagsttalbahn, stand von 1967 bis 2000 in Krautheim als Denkmal; unbetriebsfähig
V 22 01	Bdh	1965	Gmeinder	bis 1988 im Planeinsatz; seit 2006 an das Öchsle vermietet und dort im Einsatz
V 22 02	Bdh	1965	Gmeinder	bis 1988 im Planeinsatz; betriebsfähig
V 22 03	Bdh	1953	Jung	bis 1988 im Planeinsatz; zum Verschub aufgebockter Regelspurwagen mit Normalspurpuffern ausgestattet
VT 300	(1A)'(A1)'	1939	Wismar	von 1959 bis 1988 auf der Jagsttalbahn im Einsatz
VT 303	(1A)'(A1)'	1935	Dessau	von 1968 bis 1988 auf der Jagsttalbahn im Einsatz

und Barwagen 371 feierlich eröffnet. Im Jahr 2023 konnte der originale Post/-Gepäckwagen Nr. 89 mit Baujahr 1900 nach aufwändiger Restaurierung wieder in Betrieb genommen und die ersten ca. 450 Meter Streckengleis aufgebaut werden. Nächstes großes Ziel ist die Verlängerung der Strecke bis zum Bahnhof Klepsau.

Wertvolle Fahrzeuge

Die Jagsttalbahnfreunde holten die ehemalige Dampflok 24 von ihrem Denkmalsockel in Krautheim und brachten sie im Frühjahr 2000 nach Dörzbach. Sie soll zukünftig aufgearbeitet werden. Die außerdem im Dörzbacher Lokschuppen verbliebene Dampflok »Helene« der DGEG wurde 2003 an einen Privatmann verkauft und abtransportiert. Die Lok 99 633 der DGEG, die von 1985 bis 1988 auch auf der Strecke Ochsenhausen–Warthausen tätig war, wurde 1988 im Lokschuppen Möckmühl hinterstellt und verblieb dort auch nach dem Abbau der Gleise. Sie wurde später ans Öchsle abgegeben. Die Schlepptenderlokomotiven des Typs HF 110 C gelangten durch den Bielefelder Fabrikanten Walter Seidensticker auf die Jagsttalbahn, nachdem dieser die 99 4652 der DR als »Frank S.« und die 798.101 der ÖBB als »Nicki S.« erworben hatte. Beide befinden sich seit 1993 auf Rügen, wobei die »Frank S.« ihre alte Nummer zurückerhalten hat und die »Nicki S.« nach einem Einsatz auf der Bregenzerwaldbahn als »Nicki + Frank S.« (inzwischen Dampfkleinbahn Mühlenstroth) aufgearbeitet wurde. Die »Aquarius C« (heute Taurachbahn) vom Typ HF 191 kam von der Zillertalbahn und gelangte mit der »Bielefeld« (wiederum Dampfkleinbahn Mühlenstroth) am 20. Oktober 1988 nach Berlin sowie später ebenfalls nach Rügen.

Jagsttalbahnfreunde e. V.
Bahnhofstraße 8 • 74677 Dörzbach
Tel. 07937 277 • post@jagsttalbahn.de
www.jagsttalbahn.de

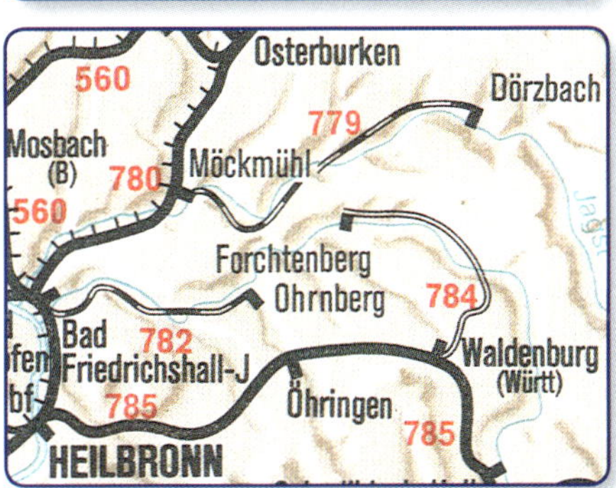

Die Diesellokomotiven des Vereins sind originale Fahrzeuge der Jagsttalbahn, hier die V 22 03, genannt »Stoppelhopser«, am Lokschuppen Dörzbach. Foto: Stefan Haag

Unverfälschte Kleinbahnatmosphäre mit 99 7203 am 9. Juli 2022. Foto: Andreas Fischer

Württembergische Geschichte: Amstetten–Oppingen (1.000 mm)

Schmalspurbahnen unter der Königlich Württembergischen Staats-Eisenbahn (K.W.St.E) waren, bis auf die 1891 in Betrieb genommene 15,1 Kilometer lange Eröffnungsstrecke zwischen Nagold und Altensteig, vor allem in der 750-mm-Spur ausgeführt. Die 18,96 Kilometer lange Strecke Amstetten–Laichingen bildete allerdings eine Ausnahme. Sie wurde am 20. Oktober 1901 von der Württembergischen Eisenbahn-Gesellschaft (WEG) in der Meterspur eröffnet und erst 1985 stillgelegt: Am 31. August 1985 endete der reguläre Personenverkehr mit Triebwagen, gefolgt vom Güterverkehr am 14. September 1985.

Der 5,73 Kilometer lange Streckenabschnitt von Amstetten (an der normalspurigen Filstalbahn) nach Oppingen blieb erhalten und steht unter dem Titel »Alb-Bähnle« in der Obhut der in Amstetten bei Ulm beheimateten Ulmer Eisenbahnfreunde e. V. (UEF). Im Juli 1990 konnte hier mit der Lok 99 7203 von der stillgelegten Strecke Mosbach–Mudau ein Museumsbahnbetrieb aufgenommen werden, womit die UEF auch im Schmalspurbereich aktiv wurden. Die 99 7203 wurde am 26. Oktober 1964 ausgemustert und war im Museum der Oberrheinischen Eisenbahn AG ausgestellt. Nach einer Hauptuntersuchung in Geislingen im März 1988 kam sie ab Juli 1990 zwischen Amstetten und Oppingen zum Einsatz.

Interessant ist auch der Schlepptriebwagen T 34, der ursprünglich auf der Strecke Bremen–Tarmstedt fuhr und dann zur WEG ging. Er ist abgestellt und bisher nicht aufgearbeitet. Kürzlich kam eine weitere Diesellok der Appenzeller Bahn hinzu, die aber derzeit nicht verwendet wird. Beim Alb-Bähnle sind Personenwagen der Appenzeller Bahn und der Zugspitzbahn im Einsatz.

Triebfahrzeuge Amstetten–Oppingen

Triebfahrzeug	Bauart	Baujahr	Hersteller	Bemerkungen
99 7203	Cn2t	1904	Borsig	ehemalige Stammlok der Strecke Mosbach–Mudau, seit 1990 Stammlok im schmalspurigen Museumsbetrieb
2.s	Cn2t	1901	Borsig	WEG-Original-Lok, 2002 aus dem Museum Marxzell übernommen; abgestellt
D 6	Bdm	1957	Orenstein & Koppel	2009 von den Appenzeller Bahnen übernommen
D 8	Cdm	1986	Werk »23. August« Bukarest	vormals Rohhütte Helbra (Kombinat Wilhelm-Pieck), 1992 übernommen; Reservelok für die Museumszüge; baugleich mit den rumänischen Dieselloks auf Wangerooge
T 34	(1A)'(A1)'	1937	Wismar	seit 1956 auf der Strecke Amstetten–Laichingen im Einsatz; abgestellt

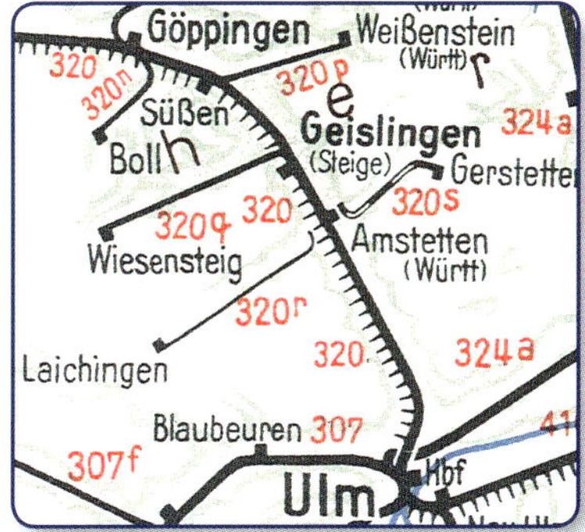

Ulmer Eisenbahnfreunde e. V., Sektion Alb-Bähnle

Industriestraße 41 • 73340 Amstetten
alb-baehnle@uef-dampf.de
www.albbaehnle.de

99 7203 ist der Star des »Alb-Bähnle«. Die dreiachsige Tenderlok wird so oft wie möglich vor den über 100 Jahre alten Personenwagen eingesetzt und auf die liebliche Strecke geschickt. Rechts sind die Fahrgäste an der Endstation Oppingen dem Zug entstiegen. Fotos: Ulmer Eisenbahnfreunde e. V.

Ein typischer Dampfzug der Härtsfeld-Museumsbahn unterhalb Neresheim und der Abtei im August 2021. Foto: Sebastian Große

Im Zeichen des Klosters: Die Härtsfeld-Museumsbahn »Schättere« (1.000 mm)

Die Härtsfeld-Museumsbahn (HMB) Neresheim–Katzenstein erinnert an die ehemalige Härtsfeldbahn Aalen–Neresheim–Dillingen. 1901 und 1906 eröffnet, wurde sie 1972 stillgelegt und bald abgebrochen. Aus der Erinnerung der Bevölkerung verschwand diese liebenswerte Bahn aber nie. 1985 gründete sich der Härtsfeld-Museumsbahn e. V., um das unmöglich Scheinende zu realisieren. 1986 wurde im ehemaligen Neresheimer Bahnhof unterhalb des imposanten Klosters das Härtsfeldbahn-Museum als erstes Eisenbahnmuseum Württembergs eröffnet.

Ab 1996 wurde das Museumsgleis auf der Originaltrasse verlegt. Der erste Streckenteil Neresheim–Sägmühle – drei Kilometer – wurde 2001 in Betrieb genommen. Der zweite, 2,6 Kilometer lange Abschnitt bis zur Station Katzenstein am Härtsfeldsee wurde im August 2021 in Betrieb genommen. Der dritte Abschnitt (2,7 km) zum Endpunkt Dischingen ist derzeit in Planung. Das dortige denkmalgeschützte Bahnhofsgebäude hat der Verein erworben und vor dem Verfall gerettet. Es kann am Tag des offenen Denkmals besichtigt werden, eine große Modellbahnanlage der Härtsfeldbahn wird dazu jeweils aufgebaut.

Der Verein hat originale oder baugleiche Fahrzeuge geborgen und restauriert. Erhalten sind die 1913 extra für die Härtsfeldbahn gebauten Dampfloks 11 und 12, von denen letztere als Spielplatzobjekt in Heidenheim überdauerte und mittlerweile seit fast 30 Jahren im aktiven Museumsbahneinsatz ist. Ihre Schwesterlok, Nummer 11, überlebte als Denkmal in Neresheim und ist in der Aufarbeitung begriffen. Die Schlepptriebwagen T 33 und T 37 waren nach der Stilllegung zur Bahn Amstetten–Laichingen gekommen und konnten zurückgeholt werden. Dazu kommt ein authentischer Wagenpark, so dass man heute wieder komplette Härtsfeldbahn-Züge erleben kann.

Triebfahrzeuge Härtsfeld-Museumsbahn

Triebfahrzeug	Bauart	Baujahr	Hersteller	Bemerkungen
Lok 11	Bh2t	1913	Maschinenfabrik Esslingen	bis 1963 auf der Härtsfeldbahn im Betrieb, dann Denkmal am Bahnhof Neresheim; seit 2010 in der Aufarbeitung
Lok 12	Bh2t	1913	Maschinenfabrik Esslingen	bis 1963 auf der Härtsfeldbahn im Betrieb, dann Spielplatz Heidenheim; seit 1994 betriebsfähig
D 4	B'B'	1954	Jung	anfänglich zu Probefahrten auf der Härtsfeldbahn im Einsatz, dann Finnland; 2005 aus der Schweiz geholt, seit 2023 betriebsfähig
T 33	B'2'	1934/ 1964	Wismar/ Auwärter	ex T 1 Bremen–Tarmstedt; 1956 zur Härtsfeldbahn, 1973 nach Amstetten–Laichingen, 1984 zur Härtsfeldbahn zurückgeholt; betriebsfähig
T 37	B'B'	1960	MAN	ehemaliger T 14 der Südharzeisenbahn; 1964 bis 1973 auf der Härtsfeldbahn als Schlepptriebwagen im Einsatz, anschließend Amstetten–Laichingen; 1987 zurükgeholt

Härtsfeld-Museumsbahn

Dischinger Str. 11 • 73450 Neresheim
Tel. 07326 5755 bzw. 0172 9117193
information@hmb-ev.de
www.hmb-ev.de

Am 3. Oktober 2021 stehen Lok 12 und T 33 einsatzbereit in Neresheim. Foto: Thomas Schwarze

OBEN: Den ersten und letzten Zug jedes Betriebstages fährt T33, hier im Oktober 2020. Foto: Dr. Walter Gekeler
RECHTS: Links steht T 37 (in Aufarbeitung), daneben Diesellok D4 »JUMBO« (inzwischen im Plandienst) und im Hintergrund T 33. Foto: Herbert Rubarth)

Die Triebwagen 22 und 6 stehen im März 1996 in der Station Eibsee. Sämtliche Fahrzeuge sind blau/beige lackiert und wurden von der SLM Winterthur gebaut.

Auf Deutschlands höchsten Berg: Die Zugspitzbahn (1.000 mm)

Mit 2.963 Metern Höhe ist die Zugspitze gegenüber Österreichs Alpenlandschaft ein Berg unter vielen – in Deutschland jedoch die höchste Erhebung des Landes. Das war 1889 der ausschlaggebende Grund für den Fremdenverkehr, das Werdenfelser Land und vor allem die Zugspitze zu erobern. Für den Garmischer Apotheker Max Byschl war es unbezweifelbar, dass bequemere Transportmittel als Wandersteige weitaus förderlicher auf den Tourismus wirken würden und somit auch den seit über 500 Jahren in der Höllenklamm betriebenen Bergbau unterstützen könnten. Zahlreiche Projekte mit unterschiedlichsten Trassen- und Systemvorschlägen erreichten hernach die Verantwortlichen in der Region und ließen eine regelrechte »Konzessionitis« ausbrechen. Von Zahnrad- und Seilbahnen bis hin zu Bergaufzügen wurde zwischen 1907 und 1910 keine Idee ausgelassen, doch scheiterten alle Projekte entweder am Geldmangel oder an besonderer Gefährdung durch Steinschlag und Lawinen. Schließlich ergriffen 1911/12 die Österreicher die Initiative und bauten 1926 ihrerseits eine Seilbahn von Ehrwald-Obermoos zum Zugspitzkamm. Durch die Wirtschaftskrisen nach dem Ersten Weltkrieg verzögerten sich die deutschen Projekte erheblich, kamen dann aber zum 1. April 1928 mit einer Konzession für die Finanzierungsgruppe Allgemeine Lokalbahn- und Kraftwerke AG Berlin, AEG Berlin und Süddeutsche Treuhandgesellschaft München zum Abschluss. Die Investoren verfolgten hierbei ein Ziel: den Bau einer Schmalspur-Reibungsbahn von Garmisch bis Grainau, einer Zahnradbahn entlang der Bergflanke bis Riffelriß, eines 4,5 Kilometer

»Fahrt im Pulk« ist bei gutem Winterwetter keine Seltenheit. Dabei folgen mehrere Triebwagen in dichter Zugfolge, aber mit gebührendem Abstand.

langen Tunnels bis zu einem 2.650 Meter hochgelegenen Bergbahnhof sowie eines Schrägaufzugs zum Gipfel. Die 18,7 Kilometer lange und 2.245 Höhenmeter überwindende Strecke wurde schließlich unter schwierigsten Verhältnissen zu den Oberammergauer Passionsfestspielen fertiggestellt und am 8. Juli 1930 eröffnet. Seither sind die elektrischen Triebwagen der Zugspitzbahn AG ein attraktiver Anlaufpunkt zahlreicher Skiurlauber. Eine der früher eingesetzten elektrischen Lokomotiven steht heute am Bahnhof Garmisch als Denkmal.

Die AEG-Tallokomotiven mit der Achsfolge Bo bekamen die Nummern 1–4, die Berglokomotiven 11–18. Lok 2 ist auf dem Rathausplatz in Garmisch-Partenkirchen erhalten, die Loks 1 und 4 werden noch für Rangierdienste genutzt, die Lok 3 steht beim Deutschen Museum in München.

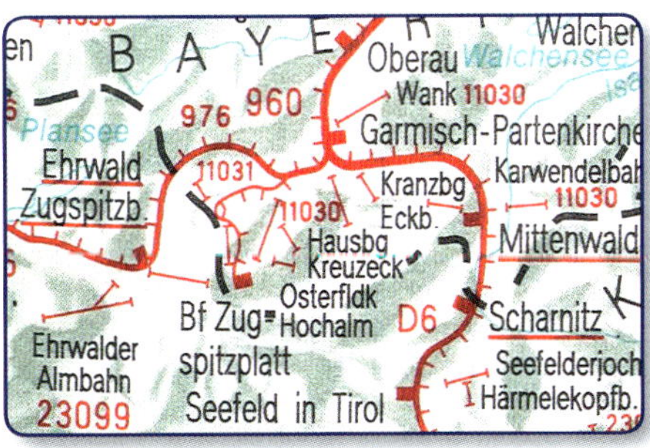

Bayrische Zugspitzbahn Bergbahn AG

Olympiastraße 27 • 82467 Garmisch-Partenkirchen
Tel. 08821 7970 • zugspitzbahn@zugspitze.de
www.zugspitze.de

Am Bahnhof Stock, direkt am Chiemsee gelegen, geht es immer beschaulich zu, wie auf dieser schönen sommerlichen Szene! Fotos: Josef Kohlpointner

Mit Dampf zu König Ludwig: Die Chiemsee-Bahn (1.000 mm)

In Bayern existiert seit 1887 eine meterspurige Zubringerbahn vom DB-Bahnhof Prien zum nur zwei Kilometer entfernten Schiffsanleger am Chiemsee in Stock, wo die Schiffe zur Fraueninsel und nach Herrenchiemsee ablegen. Die populäre Chiemsee-Bahn ist bis heute als Teil der Chiemsee-Schifffahrt erhalten und befördert seit über 125 Jahren die Besucher des Binnengewässers vom Bahnhof zum Schiff, obwohl die meisten Gäste inzwischen mit dem Pkw anreisen.

Der Betrieb erfolgt von Anfang an mit nur einer zweiachsigen Kastendampflok und neun zweiachsigen Plattform-Personenwagen. Weil die Bahn nur saisonal verkehrt, stehen der Werkstatt im Winter genügend Monate zur Verfügung, um die fälligen Revisionsarbeiten auszuführen. Im Jahr 1984 erhielt die Dampflok allerdings Verstärkung durch die 1962 gebaute KHD-Kleindiesellok »Lisa«, die der Dampflok zunächst optisch angepasst wurde, ehe sie 2016 in Eigenregie wieder in ihren ursprünglichen Zustand zurückversetzt wurde und nun mit einer roten Lackierung verkehrt.

Die 1887 bei Krauss in München gebaute Kastendampflok prägt mit ihrem Aussehen das Gesicht der Chiemsee-Bahn, fügt sie sich doch adäquat in das Bild des Wagenzuges. Durchgehend grün lackiert, bildet dieser Zug eine Einheit mit den Rasenanlagen der Stationen und dem weißen Schotter des Gleisbetts – eine schon allein durch die offenen Fahrzeuge stets sommerlich anmutende und in ganz Deutschland einmalige Bahn.

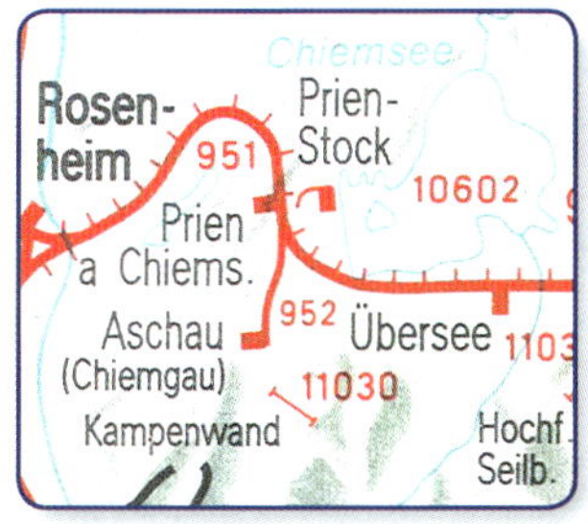

Chiemsee-Schifffahrt Ludwig Fessler KG

Seestraße 108
83209 Prien am Chiemsee
Tel. 08051 609-0
info@chiemsee-schifffahrt.de
www.chiemsee-schifffahrt.de

Triebfahrzeuge Chiemseebahn

Triebfahrzeug	Bauart	Baujahr	Hersteller	Bemerkungen
Lok 1	Bn2t	1887	Krauss	Trambahnlok; seit den Anfangsjahren einzige Zugmaschine der Chiemseebahn
Lok 2	Bdm	1962	Deutz	Reservediesellok; 1984 beschafft, fuhr bis 2016 im Dampflok-Design

Die Diesellok »Lisa« unterstützt die Dampflok beim Tourismusverkehr. Unten fährt der Zug durch Prien.

Zurzeit abgestellt sind die beiden historischen Elektrolokomotiven mit dem Namen »Krokodil« in Kiefersfelden.

Über die Landesgrenze nach Tirol (900 mm)

Die Wachtlbahn zwischen Kiefersfelden in Deutschland und Wachtl in Österreich liegt in einer landschaftlich sehr reizvollen Region. Ursprünglicher Nutzen der Bahn war der Transport von Kalkstein, welcher im Tirol abgebaut und in Bayern zu Zement verarbeitet wurde. Die Strecke ist knapp sechs Kilometer lang und hat eine Spurweite von 900 mm. Sie beginnt im südbayerischen Kiefersfelden und führt über insgesamt fünf Stationen: Siedlerweg, Kohlsatt, Hechtsee-Schöffrau, Breitenau, Kieferbach, Gießenbachklamm.

Anfänge schon um 1830

Der Ursprungsnutzen der Bahn lag wohl bereits im Jahre 1830 beim Transport von Holz aus Gießenbach, wobei die Züge von Pferden gezogen wurden. Erst 1860 wurde sie bis zur heutigen Endstation Wachtl und das dort entstandene Zementwerk verlängert. An guten Tagen wurden über diese Bahnstrecke bis zu 4.000 Tonnen Kalkstein transportiert. Die Strecke hatte damals übrigens noch eine Spurweite von drei Fuß (860 mm). Im Jahre 1969 wurde die Bahnstrecke auf 900 mm verbreitert und elektrifiziert. Dampf- und Dieselloks mussten dadurch altertümlichen Elektroloks weichen. Nach der Schließung des Zementwerkes im 2002 durch den Eigentümer Heidelberger Zement lag der Gütertransport zunächst still. Erst als das Werk von Rohrdorf Zement aufgekauft wurde, begann der Kalkstein-Transport von Neuem.

Die beiden bis heute im Betrieb genutzten Lokomotiven Nummer 4 und 5 sind die »Krokodil« genannten BBC 5082 und BBC 5084, Baujahr 1927. Die Loks bekamen diesen Spitznamen durch ihre auffallende Symmetrie der Rahmen. Seit 1963 ist außerdem eine 1947 von Gmeinder hergestellte Diesellok der Gattung HF 130C auf der Wachtlbahn mit der Nummer 6 aktiv.

1990 wurde die Museums-Eisenbahn-Gemeinschaft Wachtl e. V. gegründet, und ein Jahr später, 1991, wurden zum ersten Mal Personenfahrten mit den Elloks angeboten. 1993 erwarb man zwei neue Wagen der Wendelsteinbahn, welche von 1.000 mm auf 900 mm umgespurt werden mussten. 1994 wurde es der Bahn mit Hilfe des bayerischen Verkehrsministeriums ermöglicht, sich von der Heidelberg Cement AG abzugliedern und ein eigenständiges Bahnunternehmen der Gemeinde Kiefersfelden zu werden. 2017 wurde der Bahn allerdings wegen der schwach gesicherten Bahnübergänge und einer allgemein schlechten Infrastruktur die Fahrgenehmigung entzogen. Seit 2019 laufen Sanierungsarbeiten, wann der Betrieb wieder aufgenommen werden kann, ist noch unklar.

Hendrik Pradel

Museums Eisenbahn Gemeinschaft Wachtl e. V.

Feldweg 8, 83088 Kiefersfelden
Tel. 08033-30 300 30
wachtlbahn@web.de

Die elektrifizierte Strecke verläuft durch eine sehr reizvolle Berglandschaft.

Triebfahrzeuge Wachtlbahn

Triebfahrzeug	Bauart	Baujahr	Hersteller	Bemerkungen
Lok 4	Bo'Bo'	1927	BBC	Elektrolok
Lok 5	Bo'Bo'	1928	BBC	Elektrolok
Lok 6	Cdm	1947	Gmeinder	HF 130C

Groß prangt die bis 1970 gültige Nummer an der Lokomotive 99 794 im Dezember 2012 in Cranzahl.

Das staatliche Nummernsystem der deutschen Schmalspurfahrzeuge

Als die Deutsche Reichsbahn (DR) 1925 für ihre eigenen Einheitslokomotiven sowie für eine Vielzahl Maschinen fremder Länderbahnen ein Nummernsystem einführte, bestand die Baureihenbezeichnung stets aus einer zweistelligen Ziffer. Sie wurde für Diesellokomotiven um ein vorangestelltes V (= Verbrennungslok) sowie für Elektrolokomotiven um ein E erweitert. Triebwagen bekamen außerdem die zusätzlichen Buchstaben VT für Verbrennungstriebwagen, ET für Elektrotriebwagen beziehungsweise ETA für Akkumulatorentriebwagen. Kleindiesselloks erhielten die Kennbuchstaben Kö (für Kleinloks mit Ölmotor, also Dieselmotor), Köf (mit Flüssigkeitsgetriebe) oder Kb (Kleinloks mit Benzinmotor).

In der Kategorie der Dampflokomotiven stand die Baureihenbezeichnung 99 von Beginn an für Schmalspurlokomotiven. Der Baureihenbezeichnung schloss sich eine dreistellige Ordnungsnummer an, die bei staatlich beschafften Schmalspurlokomotiven infolge geringer Stückzahlen zumeist genügte, um ihr verschiedene typenspezifische Aussagen zuzuordnen. So waren definierte Zahlengruppen absteigend für die unterschiedlichen Spurweiten vorgesehen, nämlich 001 bis 299 für 1000-mm-Spurweite, 301 bis 399 für 900-mm-Spurweite, 401 bis 499 für 785-mm-Spurweite sowie 501 bis 799 für 750-mm-Spurweite. Damit konnte mit der ersten Ziffer der Ordnungsnummer eine Aussage über die Spurweite getroffen werden. Die nachfolgenden Zehnergruppen waren fortlaufend für Unterbaureihen vorgesehen und begannen für jede Bauart wieder mit einer 1. Nur wenige Loktypen wurden in einer Stückzahl über 10 beschafft, so dass sich die meisten Baureihen nicht über mehrere Zehnergruppen erstreckten. Insgesamt ergab die Nennung der ersten beiden Ziffern der Ordnungsnummer also bereits eine eindeutige Baureihenzuordnung (z. B. 99.25 für die Lokomotiven der Walhallabahn, dagegen z. B. 99.64–99.71 für Lokomotiven größerer Stückzahlen mit mehreren Zehnergruppen). Die neuesten Lokomotiven sollten zuerst, die ältesten zuletzt eingeordnet werden, um bei baldiger Ausmusterung die oberen Zahlengruppen für Neubeschaffungen frei zu lassen.

Anders verhielt es sich bei Lokomotiven, die 1925 aus Länder- oder Privatbahnbeständen übernommen wurden und damit Fremdlokomotiven darstellten (z. B. von der badischen Strecke Mosbach–Mudau). Die verstaatlichten Maschinen bekamen grundsätzlich eine vierstellige Ordnungsnummer, deren erste Ziffer eine Aussage über den Achsdruck treffen sollte. Der Achsdruck ergab sich in der Regel aus dem Gesamtgewicht geteilt durch die Anzahl der Achsen bzw. Treibachsen (z. B. die Loks der Strecke Mosbach–Mudau: 23 Tonnen geteilt durch 3 Achsen ≈ 7 Tonnen, woraus die Nummer 99.7 folgt). Bei zweistelligen Gewichten pro Achse wurde nur die zweite Ziffer angegeben. An die Achsdruck-Ziffer schloss sich wiederum eine Ziffer aus der oben genannten Spurweiten-Gruppierung an.

Dieses System wurde auch auf viele Schmalspurlokomotiven übertragen, die infolge der Eroberung anderer europäischer Länder im Zweiten Weltkrieg von der Deutschen Reichsbahn übernommen wurden. Dabei blieb auch die Zuordnung dreistelliger Ordnungsnummern für staatlich beschaffte Maschinen (z. B. die ÖBB-Lok 99 791) sowie vierstelliger Ordnungsnummern für vormalige Privatbahnmaschinen (z. B. 99.730 für Lokomotiven der Schafbergbahn) bestehen. Für österreichische und polnische 760-mm-Lokomotiven musste allerdings die neue Kategorie 801 bis 999 eingeführt werden.

Nach dem Krieg führten sowohl die Deutsche Bundesbahn (DB) als auch die Deutsche Reichsbahn der DDR (DR) das Nummernschema der Vorkriegszeit fort. Allerdings verlangte der Sozialismus in der DDR nach der Enteignung zahlreicher Privatbahnen und Eingliederung jener in das vorherrschende Nummernsystem. Bei den Schmalspurlokomotiven ging man erneut mit einer vierstelligen Ordnungsnummer vor, wobei nun allerdings die zweite Ziffer für den Achsdruck stand (z. B. die Harzer Lok NWE 21: 47,6 Tonnen geteilt durch 5 Achsen ≈ 10 Tonnen, woraus die Achsdruck-Ziffer 0 an zweiter Stelle folgt). Die erste Ziffer sollte wie vor dem Krieg eine Sortierung nach Spurweite vornehmen, und zwar aufsteigend: ab 99 3001 für 600 mm, ab 99 4001 für 700 mm, von 99 5001 bis 99 6999 für 1.000 mm. Tenderlokomotiven (z. B. 99 4601) sollten darin bis 50, Schlepptenderlokomotiven (z. B. 99 4651) ab 51 eingegliedert werden.

Die nach dem Krieg in der DDR in relativ großer Stückzahl neugebauten Dampflokomotiven konnten dem bisher verwendeten Nummernsystem zugeordnet werden (z. B. 99.23–24 und 99.77–79). Rekonstruierte oder neugebaute Lokomotiven behielten ihre alte Bezeichnung, weil der Neubau bei der Deutschen Reichsbahn unter dem Begriff »Großteilerneuerung« verschleiert wurde. Die Diesellokomotiven in der DDR behielten ihre Kennbuchstaben aus der Vorkriegszeit. Lediglich einige neu- oder umgebaute Kleindiesselloks wurden unter der Baureihenbezeichnung 100 zusam-

Die V 29 952 ist eine der wenigen schmalspurigen Diesellokomotiven der DB und in Bruchhausen-Vilsen erhalten.

mengefasst – und zwar gemeinsam mit den normalspurigen Diesellokomotiven. Die Triebwagen hingegen wurden – angelehnt an das System der sechsstelligen Wagennummern – entweder als Baureihe 133 oder Baureihe 137 bezeichnet.

Bei der Deutschen Bundesbahn gab es nach dem Krieg keine schmalspurigen Dampflokneubauten oder -rekonstruktionen. Die Modernisierung erfolgte dagegen mit einigen größeren Diesellok-Neuentwicklungen (V 29, V 51 und V 52), die – wie in der DDR – in das System der normalspurigen Diesellokomotiven eingegliedert wurden. Dieses funktionierte aufsteigend nach der Höhe der PS-Zahl, indem die letzte Ziffer der PS-Zahl gestrichen wurde. Die V 29 hatte demnach 290 PS, die V 51 ganze 510 PS (tatsächlich waren es aber nur 480 PS). Die Benennung als Baureihe V 99 erfolgte nicht. Dagegen gab es während des Krieges kurzzeitig eine Baureihe E 99 für die schmalspurigen österreichischen Elektrolokomotiven. Die vorhandenen Elektrotriebwagen der Strecke Ravensburg–Baienfurt – andere schmalspurige Triebwagen gab es in der BRD nicht – behielten aber ihre Kennbuchstaben aus der Vorkriegszeit.

Mit dem Aufkommen der EDV in den 1960er-Jahren änderte sich das gut 40 Jahre lang gültige System grundlegend. Um die Nummern in der Datenverarbeitung verwenden zu können, mussten sie vereinheitlicht werden und eine Prüfziffer erhalten. Die durch einen Bindestrich angeschlossene Prüfziffer ergibt sich noch heute aus einem Algorithmus, der die Ziffern der Loknummer alternierend mit 1 und 2 multipliziert und die Quersumme bildet, bei der die letzte Ziffer – subtrahiert von 10 – die Prüfziffer ergibt.

Um die Vereinheitlichung zu erreichen, verzichtete die Bundesbahn ab dem Jahr 1968 auf die Traktionsbuchstaben E und V und machte sämtliche Baureihen- sowie Ordnungsnummern dreistellig. Die Dampflokomotiven bekamen deshalb eine 0 vorangestellt (BR 099), die Diesellokomotiven eine 2 (z. B. 252 statt V 52), die Kleindiesellokomotiven eine 3 (schmalspurige Kleindieselloks trugen ab jetzt die Baureihenbezeichnung 329) sowie Dieseltriebwagen eine 6 (BR 699). Um bei allen Maschinen außerdem eine dreistellige Ordnungsnummer zu erreichen, hätten die bisherigen vierstelligen Unterkategorien nach einer neuen Nummerierung verlangt, was sich jedoch infolge des Verkehrsträgerwechsels erübrigte: Die einzigen Dampfloks mit vierstelliger Ordnungsnummer (99 7201 bis 7204) waren 1965 durch Diesellokomotiven ersetzt worden.

Die Reichsbahn der DDR zog natürlich schon wenig später nach und führte 1970 ihr EDV-System ein. Um es anders als der Westen – aber auch irgendwie ähnlich – zu machen, ging es hier darum, die gesamte Loknummer (Baureihen- und Ordnungsziffern zusammen) sechsstellig umzustellen. Auf diese Weise konnten die Dampflokomotivbaureihen zweistellig bleiben, mussten lediglich eine vierstellige Ordnungsnummer erhalten. Die sächsischen Dampfloks bekamen eine 1 vorangestellt, die Einheitsloks des

»Molli« erhielten eine 2 und die Harzer Neubauloks eine 7. Alle weiteren Maschinen waren infolge ihrer Vorgeschichte bereits vierstellig und blockierten – wie beschrieben – die Ziffern 3, 4, 5 und 6. Damit wurde nun eine durchgehende Nummerierung von 1 bis 7 erreicht.

Die Diesellokomotiven und -triebwagen der DDR bekamen eine ganz neue dreistellige Baureihennummer zugeordnet, die jeweils mit einer 1 begann, weil die Gruppe 100 bis 199 den Dieseltriebfahrzeugen vorbehalten war. Schmalspurige Diesellokomotiven wurden fortan unter der Bezeichnung 199 zusammengefasst, die Triebwagen unter 187.

Im Jahr 1992 einigten sich die beiden fusionierten Bahngesellschaften DB und DR, die sich nun Deutsche Bahn nennen, auf ein neues Nummernsystem, das die Lokomotiven der ehemaligen Reichsbahn dem Schema der Bundesbahn von 1968 unterordnete. Aus der 1 für Diesellokomotiven wurde damit eine 2 (statt BR 199 nun 299). Kleindieselloks wurden dagegen im Osten und Westen gleichermaßen unter der logischen Nummer 399 neu zusammengefasst, wobei auch die Ordnungsnummern neu gezählt wurden. Die Nummern für die schmalspurigen Dampflokomotiven (jetzt alle BR 099) sahen in der ersten Ziffer der neuen dreistelligen Ordnungsnummer einen Bezug zur Spurweite vor: 1 für 1.000 mm, 7 für 750 mm und 9 für 900 mm. Damit wurde aus der Lok 99 2321 zum Beispiel die neue Lok 099 901.

Dieses System hat sich bis heute nicht grundlegend geändert. Die Nummern werden seit 2007 lediglich europaweit in ein weiteres Zahlensystem eingebettet, sind innerhalb dieser Ländernummern aber mit den bisherigen identisch. Interessant ist, dass das neue Nummernsystem von 1992 den Beginn einer Exemplarzählung in den Ordnungsnummern mit 0 erlaubt (z. B. 099 720), obwohl seit 1925 immer nur mit einer 1 begonnen wurde (also 099 721).

Viele Privatbahnlokomotiven, auch Baustellen- und Feldbahnloks, trugen nie eine Nummer, sondern einen Namen, wie die Lok »Arthur Koppel« bei der Dampfkleinbahn Mühlenstroth.

Bezeichnung Länderbahn/ Privatbahn	Bezeichn. DRG/DR ab 1925	Bezeichnung DB ab 1949/ DR ab 1950	EDV-Nummer DB ab 1968/ DR ab 1970	Bezeichn. DB AG ab 1992	Bauart	Baujahr	Bemerkungen/Verbleib
Dampfloks 1000-mm-Spurweite							
PfStsB L 2	99 001	-	-	-	Bn2t	1903	Speyer 1931 +
PfStsB L 2	99 002	-	-	-	Bn2t	1903	Speyer 1932 +
PfStsB L 2	99 003	-	-	-	Bn2t	1903	Speyer 1931 +
PfStsB L 2	99 004	-	-	-	Bn2t	1904	Speyer 1934 +
PfStsB L 2	99 005	-	-	-	Bn2t	1904	Speyer 1936 +
SNCF	99 001[2]	-	-	-	Cn2t	1885	erbeutet 1944, zurück nach Frankreich 1946
PfStsB Pts 2/2	99 011	-	-	-	Bh2t	1916	1930 +
OldStsB 3	99 021	-	-	-	Bn2t	1904	Osteinsatz 1942
OldStsB 4	99 022	-	-	-	Bn2t	1919	Osteinsatz 1942
OldStsB 5	99 023	DB 99 023	-	-	Bn2t	1913	Wangerooge 1958 +
PStEV T 33 51	99 031	-	-	-	Cn2t	1908	ERFURT 1935 +
PStEV T 33 52	99 032	-	-	-	Cn2t	1908	ERFURT 1935 +
PStEV T 33 53	99 041	DB 99 041	-	-	Cn2t	1912	Neustadt – Speyer 1957 +
PStEV T 33 54	99 042	-	-	-	Cn2t	1912	ERFURT 1936 +
PStEV T 33 55	99 043	-	-	-	Cn2t	1912	ERFURT 1936 +
PStEV T 33 56	99 044	DB 99 044	-	-	Cn2t	1912	Neustadt – Speyer 1955 +
PStEV T 33 57	99 045	DB 99 045	-	-	Cn2t	1912	Neustadt – Speyer 1957 +
PStEV T 33 58	99 051	-	-	-	Cn2t	1912	ERFURT 1935 +
PStEV T 33 59	99 052	-	-	-	Cn2t	1912	ERFURT 1935 +
PStEV T 33 60	99 061	-	-	-	Cn2t	1914	ERFURT 1935 +
PStEV T 33 61	99 062	-	-	-	Cn2t	1914	ERFURT 1935 +
PStEV T 33 62	99 063	-	-	-	Cn2t	1914	ERFURT 1935 +
BayStsE LE	99 071	-	-	-	Cn2t	1885	Eichstätt Bf – Eichstätt Stadt 1932 +
BayStsE LE	99 072	-	-	-	Cn2t	1885	Eichstätt Bf – Eichstätt Stadt 1932 +
BayStsE LE	99 073	-	-	-	Cn2t	1885	Eichstätt Bf – Eichstätt Stadt 1932 +
BayStsE LE	99 074	-	-	-	Cn2t	1900	Eichstätt Bf – Eichstätt Stadt 1934 +

PfStsB XII	99 082	-	-	-	Cn2t	1888	Speyer 1930 +
PfStsB XIII	99 083	-	-	-	Cn2t	1888	Speyer 1932 +
PfStsB XIV	99 084	-	-	-	Cn2t	1890	Speyer 1936 +
PfStsB XV	99 085	-	-	-	Cn2t	1890	Speyer 1936 +
PfStsB XVI	99 086	DB 99 086	-	-	Cn2t	1892	Speyer 1953 +
PfStsB XVII	99 087	DB 99 087	-	-	Cn2t	1892	Speyer 1953 +
PfStsB XVIII	99 088	-	-	-	Cn2t	1896	Speyer 1932 +
PfStsB XIX	99 089	-	-	-	Cn2t	1896	Speyer 1935 +
PfStsB XX	99 090	-	-	-	Cn2t	1897	Speyer 1948 +
PfStsB XXI	99 091	DB 99 091	-	-	Cn2t	1899	Speyer 1954 +
PfStsB XXVIII	99 092	DB 99 092	-	-	Cn2t	1907	Speyer 1955 +
PfStsB XXIX	99 093	DB 99 093	-	-	Cn2t	1911	Speyer 1957 +
PfStsB XXXI	99 101	DB 99 101	-	-	Ch2t	1923	Speyer 1956 +
PfStsB XXXII	99 102	DB 99 102	-	-	Ch2t	1923	Speyer 1957 +
PfStsB XXXIII	99 103	DB 99 103	-	-	Ch2t	1923	Speyer 1957 +
WüStsB Ts 3 9	99 121	-	-	-	Cn2t	1900	Altensteig 1928 +
BayStsB Pts 1101	99 131	-	-	-	1'Ch2t	1906	Altötting 1931 +
BayStsB Pts 1102	99 132	-	-	-	1'Ch2t	1906	Altötting 1931 +
BayStsB Pts 1103	99 133	-	-	-	1'Ch2t	1922	Altötting 1931 +
BayStsB Gts 991	99 151	-	-	-	Dn2t	1909	Eichstätt 1934 +
SäStsB I M 251	99 161	DR 99 161	-	-	B'B'n4vt	1902	Reichenbach 1963 +
SäStsB I M 252	99 162	DR 99 162	-	-	B'B'n4vt	1902	1964 +, VM Dresden
SäStsB I M 253	99 163	-	-	-	B'B'n4vt	1902	Kriegsverlust
WüStsB Ts4 1	99 171	-	-	-	Dn2t	1891	Altensteig 1927 +
WüStsB Ts4 2	99 172	-	-	-	Dn2t	1892	Altensteig 1927 +
WüStsB Ts4 3	99 173	-	-	-	Dn2t	1899	Altensteig 1927 +
(PStEV T 40 91)	99 181	-	-	-	Eh2t	1923	Dorndorf Reparation
(PStEV T 40 92)	99 182	-	-	-	Eh2t	1923	Dorndorf Reparation
(PStEV T 40 93)	99 183	DR 99 183	-	-	Eh2t	1923	Gera-Pforten 1969 +

Bezeichnung Länderbahn/ Privatbahn	Bezeichn. DRG/DR ab 1925	Bezeichnung DB ab 1949/ DR ab 1950	EDV-Nummer DB ab 1968/ DR ab 1970	Bezeichn. DB AG ab 1992	Bauart	Baujahr	Bemerkungen/Verbleib
(WüStsB Ts5)	99 191	DR 99 191	(DR 99 7191-2)		Eh2t	1927	Gera-Pforten 1970 +
(WüStsB Ts5)	99 192	DB 99 192	-	-	Eh2t	1927	Reparation 1959
(WüStsB Ts5)	99 193	DB 99 193	(DB 099 193-5)	-	Eh2t	1927	Altensteig '69 +, heute Museumsbahn Chamby
(WüStsB Ts5)	99 194	-	-	-	Eh2t	1927	Kriegsschaden 1944
BayStsB Gts	99 201	-	-	-	C'Ch4vt	1917	Altmühltal 1934 +, baugleiche Lok auf Museumsbahn Chamby erhalten
-	99 211	DB 99 211	-	-	Ch2t	1929	1960 +, Denkmal auf Wangerooge seit 1968
-	99 221	-	-	-	1'E 1'h2t	1931	Eisfeld, Osteinsatz
-	99 222	DR 99 222	DR 99 7222-5	099 140-6	1'E 1'h2t	1931	Eisfeld, HSB 1966
-	99 223	-	-	-	1'E 1'h2t	1931	Eisfeld, Osteinsatz
-	-	DR 99 231	DR 99 7231-6	099 141-4	1'E 1'h2t	1954	HSB 1992
-	-	DR 99 232	DR 99 7232-4	099 142-2	1'E 1'h2t	1954	HSB 1992
-	-	DR 99 233	DR 99 7233-2	099 143-0	1'E 1'h2t	1954	HSB 1992
-	-	DR 99 234	DR 99 7234-0	099 144-8	1'E 1'h2t	1954	HSB 1992
-	-	DR 99 235	DR 99 7235-7	099 145-5	1'E 1'h2t	1954	HSB 1992
-	-	DR 99 236	DR 99 7236-5	099 146-3	1'E 1'h2t	1955	HSB 1992
-	-	DR 99 237	DR 99 7237-3	099 147-1	1'E 1'h2t	1956	HSB 1992
-	-	DR 99 238	DR 99 7238-1	099 148-9	1'E 1'h2t	1956	HSB 1992
-	-	DR 99 239	DR 99 7239-9	099 149-7	1'E 1'h2t	1956	HSB 1992
-	-	DR 99 240	DR 99 7240-7	099 150-5	1'E 1'h2t	1956	HSB 1992
-	-	DR 99 241	DR 99 7241-5	099 151-3	1'E 1'h2t	1956	HSB 1992
-	-	DR 99 242	DR 99 7242-3	099 152-1	1'E 1'h2t	1956	HSB 1992
-	-	DR 99 243	DR 99 7243-1	099 153-9	1'E 1'h2t	1956	HSB 1992
-	-	DR 99 244	DR 99 7244-9	099 154-7	1'E 1'h2t	1956	HSB 1992
-	-	DR 99 245	DR 99 7245-6	099 155-4	1'E 1'h2t	1956	HSB 1992
-	-	DR 99 246	DR 99 7246-4	099 156-2	1'E 1'h2t	1956	HSB 1992

LAG 67	99 252	DB 99 252	-	-	C 1'n2t	1904	Walhallabahn 1959 +
LAG 62[2]	99 253	DB 99 253	-	-	C 1'n2t	1908	Walhallabahn 1960 +, Denkmal Regensburg
LAG 64[2]	99 261	DB 99 261	-	-	Dh2t	1926	Walhallabahn 1961 +
Tramweg 21	99 271[2]	DB 99 271	-	-	Bn2t	1918	holländ. Beutelok, Wangerooge 1952 +
SNCF	99 281[2]	DB 99 281	-	-	Cn2t	1910	französ. Beutelok, Walhallabahn 1955 +
Tram d'Archeche	99 291[2]	DB 99 291	-	-	Cn2t	1911	französ. Beutelok, Mosbach 1955 +
Dampfloks 900-mm-Spurweite (»Molli«)							
MFFE 1005	99 301	-	-	-	Cn2t	1910	Reparation 1948
MFFE 1006	99 302	-	-	-	Cn2t	1911	Kühlungsborn 1932 +
MFFE 1007	99 303	-	-	-	Cn2t	1914	Reparation 1948
-	99 311	-	-	-	Dn2t	1923	Dänemark 1942
-	99 312	DR 99 312	-	-	Dn2t	1923	Heizlok Rostock 1961
-	99 313	DR 99 313	-	-	Dn2t	1924	Heizlok Rostock 1961
-	99 321	DR 99 321	DR 99 2321-0	099 901-1	1'D 1'h2t	1932	Meck. Bäderbahn 1995
-	99 322	DR 99 322	DR 99 2322-8	099 902-9	1'D 1'h2t	1932	Meck. Bäderbahn 1995
-	99 323	DR 99 323	DR 99 2323-6	099 903-7	1'D 1'h2t	1932	Meck. Bäderbahn 1995
-	-	DR 99 331	DR 99 2331-9	099 904-5	Dh2t	1951	Meck. Bäderbahn 1995
-	-	DR 99 332	DR 99 2332-7	099 905-2	Dh2t	1951	Meck. Bäderbahn 1995
-	-	DR 99 333	-	-	Dn2t	1951	Kühlungsborn 1969 +
Dampfloks 785-mm-Spurweite (Oberschlesien)							
PStEV T 37	99 401	-	-	-	Dn2t	1904	Oppeln 1930 +
PStEV T 37	99 402	-	-	-	Dn2t	1904	Oppeln 1930 +
PStEV T 37	99 403	-	-	-	Dn2t	1906	Oppeln 1930 +
PStEV T 37	99 404	-	-	-	Dn2t	1906	Oppeln 1930 +
PStEV T 37	99 405	-	-	-	Dn2t	1908	Oppeln 1933 +
PStEV T 37	99 406	-	-	-	Dn2t	1909	Oppeln 1933 +
PStEV T 37	99 407	-	-	-	Dn2t	1910	Oppeln 1933 +
PStEV T 37	99 408	-	-	-	Dn2t	1912	Oppeln 1933 +
PStEV T 38	99 411	-	-	-	Dh2t	1915	Oppeln 1936 +
PStEV T 38	99 412	-	-	-	Dh2t	1915	Oppeln 1936 +

Bezeichnung Länderbahn/ Privatbahn	Bezeichn. DRG/DR ab 1925	Bezeichnung DB ab 1949/ DR ab 1950	EDV-Nummer DB ab 1968/ DR ab 1970	Bezeichn. DB AG ab 1992	Bauart	Baujahr	Bemerkungen/Verbleib
PStEV T 38	99 413	-	-	-	Dh2t	1915	Oppeln 1936 +
PStEV T 38	99 414	-	-	-	Dh2t	1916	Oppeln 1936 +
PStEV T 38	99 415	-	-	-	Dh2t	1916	Oppeln 1936 +
PStEV T 38	99 416	-	-	-	Dh2t	1917	Oppeln 1938 +
PStEV T 38	99 417	-	-	-	Dh2t	1917	Oppeln 1938 +
PStEV T 38	99 418	-	-	-	Dh2t	1918	Oppeln 1938 +
PStEV T 38	99 419	-	-	-	Dh2t	1918	Oppeln 1938 +
PStEV T 38	99 420	-	-	-	Dh2t	1919	Oppeln 1938 +
PStEV T 38	99 421	-	-	-	Dh2t	1919	Oppeln 1938 +
PStEV T 39	99 431	-	-	-	Eh2t	1919	PKP 1945
PStEV T 39	99 432	-	-	-	Eh2t	1919	PKP 1945
PStEV T 39	99 433	-	-	-	Eh2t	1919	PKP 1945
PStEV T 39	99 434	-	-	-	Eh2t	1920	PKP 1945
PStEV T 39	99 435	-	-	-	Eh2t	1920	PKP 1945
Dampfloks 750-mm-Spurweite (Württemberg/Sachsen)							
WüStsB Tss3 21	99 501	-	-	-	Cn2t	1896	Güglingen 1927 +
WüStsB Tss3 22	99 502	-	-	-	Cn2t	1896	Güglingen 1927 +
WüStsB Tss3 23	99 503	-	-	-	Cn2t	1896	Ochsenhausen 1924 +
WüStsB Tss3 24	99 504	-	-	-	Cn2t	1896	Ochsenhausen 1924 +
SäStsB IV K 103	99 511	-	-	-	B'B'n4vt	1892	Mügeln 1939 +
SäStsB IV K 104	99 512	-	-	-	B'B'n4vt	1892	Kriegsverlust 1943
SäStsB IV K 105	99 513	-	-	-	B'B'n4vt	1892	Mügeln 1930 +
SäStsB IV K 106	99 514	-	-	-	B'B'n4vt	1892	Chemnitz 1930 +
SäStsB IV K 107	99 515	-	-	-	B'B'n4vt	1892	Chemnitz 1938 +
SäStsB IV K 108	99 516	DR 99 516	DR 99 1516-6	-	B'B'n4vt	1892	Museumsbahn Schönheide
SäStsB IV K 109	99 517	-	-	-	B'B'n4vt	1892	1926 +
SäStsB IV K 110	99 518	-	-	-	B'B'n4vt	1893	Reparation 1946
SäStsB IV K 111	99 519	-	-	-	B'B'n4vt	1893	Mügeln 1933 +
SäStsB IV K 112	99 520	-	-	-	B'B'n4vt	1893	Kriegsverlust 1941

SäStsB IV K 115	99 523	-	-	-	B'B'n4vt	1893	Reparation 1946
SäStsB IV K 116	99 524	-	-	-	B'B'n4vt	1893	Reparation 1946
SäStsB IV K 117	99 525	DR 99 525	-	-	B'B'n4vt	1894	Mügeln 1958 +
SäStsB IV K 118	99 526	-	-	-	B'B'n4vt	1894	Kriegsverlust 1941
SäStsB IV K 119	99 527	-	-	-	B'B'n4vt	1896	1933 +
SäStsB IV K 120	99 528	-	-	-	B'B'n4vt	1896	1930 +
SäStsB IV K 121	99 529	-	-	-	B'B'n4vt	1896	Mosel 1933 +
SäStsB IV K 122	99 530	DR 99 530	-	-	B'B'n4vt	1896	Mügeln 1969 +
SäStsB IV K 124	99 531	-	-	-	B'B'n4vt	1896	Kriegsverlust 1943
SäStsB IV K 125	99 532	-	-	-	B'B'n4vt	1896	Kriegsverlust 1941
SäStsB IV K 126	99 533	-	-	-	B'B'n4vt	1898	Mügeln 1938 +
SäStsB IV K 127	99 534	DR 99 534	DR 99 1534-9	-	B'B'n4vt	1898	Denkmallok Geyer 1976, Neubaulok
SäStsB IV K 128	99 535	DR 99 535	-	-	B'B'n4vt	1898	Mügeln 1968 +, VM Dresden, Altbaulok
SäStsB IV K 129	99 536	-	-	-	B'B'n4vt	1898	1933 +
SäStsB IV K 130	99 537	-	-	-	B'B'n4vt	1898	Thum 1933 +
SäStsB IV K 131	99 538	-	-	-	B'B'n4vt	1898	Chemnitz 1933 +
SäStsB IV K 132	99 539	DR 99 539	DR 99 1539-8	099 701-5	B'B'n4vt	1899	Museum Radebeul Ost, grün, Neubaulok
SäStsB IV K 133	99 540	-	-	-	B'B'n4vt	1899	Kriegseinsatz 1941
SäStsB IV K 134	99 541	-	-	-	B'B'n4vt	1899	Hohnstein 1934 +
SäStsB IV K 135	99 542	DR 99 542	DR 99 1542-2	099 702-3	B'B'n4vt	1899	MB Preßnitztalbahn 1991, Neubaulok
SäStsB IV K 136	99 543	-	-	-	B'B'n4vt	1899	Kirchberg 1933 +
SäStsB IV K 137	99 544	-	-	-	B'B'n4vt	1899	Verbleib unbekannt
SäStsB IV K 138	99 545	DR 99 545	-	-	B'B'n4vt	1904	Putbus 1967 +
SäStsB IV K 140	99 546	-	-	-	B'B'n4vt	1904	Reparation 1946
SäStsB IV K 141	99 551	DR 99 551	-	-	B'B'n4vt	1908	Mügeln 1968 +
SäStsB IV K 142	99 552	DR 99 552	-	-	B'B'n4vt	1908	Putbus 1967 +
SäStsB IV K 143	99 553	DR 99 553	-	-	B'B'n4vt	1908	Putbus 1968 +
SäStsB IV K 144	99 554	-	-	-	B'B'n4vt	1908	Reparation 1945
SäStsB IV K 145	99 555	DR 99 555	DR 99 1555-4	-	B'B'n4vt	1908	grüne Traditionslok Zittau, GR-Lok
SäStsB IV K 146	99 556	DR 99 556	-	-	B'B'n4vt	1908	Putbus 1968 +
SäStsB IV K 149	99 557	DR 99 557	DR 99 1557-0	-	B'B'n4vt	1908	Glöwen 1976 +
SäStsB IV K 150	99 558	-	-	-	B'B'n4vt	1908	Reparation 1945
SäStsB IV K 151	99 561	DR 99 561	DR 99 1561-2	099 703-1	B'B'n4vt	1909	Döllnitzbahn, Neubaulok
SäStsB IV K 152	99 562	DR 99 562	DR 99 1562-0	099 704-9	B'B'n4vt	1909	DLM Neuenmarkt-Wirsberg 1993, Neubaulok
SäStsB IV K 153	99 563	DR 99 563	DR 99 1563-8	-	B'B'n4vt	1909	Heizlok Plauen 1976

Bezeichnung Länderbahn/ Privatbahn	Bezeichn. DRG/DR ab 1925	Bezeichnung DB ab 1949/ DR ab 1950	EDV-Nummer DB ab 1968/ DR ab 1970	Bezeichn. DB AG ab 1992	Bauart	Baujahr	Bemerkungen/Verbleib
SäStsB IV K 154	99 564	DR 99 564	DR 99 1564-6	099 705-6	B'B'n4vt	1909	Traditionslok Radebeul, Neubaulok
SäStsB IV K 155	99 565	-	-	-	B'B'n4vt	1909	Mügeln 1930 +
SäStsB IV K 156	99 566	DR 99 566	DR 99 1566-1	-	B'B'n4vt	1909	Museumslok Chemnitz-Hilb. 1992, Neubaulok
SäStsB IV K 157	99 567	DR 99 567	-	-	B'B'n4vt	1910	Putbus 1967 +
SäStsB IV K 158	99 568	DR 99 568	DR 99 1568-7	099 706-4	B'B'n4vt	1910	MB Preßnitztalbahn 1991, Neubaulok
SäStsB IV K 159	99 569	DR 99 569	DR 99 1569-5	-	B'B'n4vt	1910	Mügeln 1977 +
SäStsB IV K 160	99 570	DR 99 570	-	-	B'B'n4vt	1910	Putbus 1967 +
SäStsB IV K 161	99 571	-	-	-	B'B'n4vt	1910	Reparation 1946
SäStsB IV K 162	99 572	DR 99 572	-	-	B'B'n4vt	1910	Mügeln 1968 +
SäStsB IV K 163	99 573	DR 99 573	DR 99 1573-7	-	B'B'n4vt	1910	Heizlok Plauen 1974 +
SäStsB IV K 164	99 574	DR 99 574	DR 99 1574-5	099 707-2	B'B'n4vt	1912	Döllnitzbahn, Neubaulok
SäStsB IV K 165	99 575	DR 99 575	-	-	B'B'n4vt	1912	Mügeln 1968 +
SäStsB IV K 166	99 576	DR 99 576	-	-	B'B'n4vt	1912	Perleberg 1966 +
SäStsB IV K 167	99 577	DR 99 577	(DR 99 1577-8)	-	B'B'n4vt	1912	Görlitz 1971 +
SäStsB IV K 168	99 578	DR 99 578	-	-	B'B'n4vt	1912	Görlitz 1967 +
SäStsB IV K 169	99 579	DR 99 579	DR 99 1579-4	-	B'B'n4vt	1912	Museum Oberrittersgrün, Altbaulok
SäStsB IV K 170	99 581	DR 99 581	DR 99 1581-0	-	B'B'n4vt	1912	Denkmal Kirchberg 1973, verschrottet 1983
SäStsB IV K 171	99 582	DR 99 582	DR 99 1582-8	099 708-0	B'B'n4vt	1912	MB Schönheide 1992, Neubaulok
SäStsB IV K 172	99 583	DR 99 583	DR 99 1583-6	-	B'B'n4vt	1912	Mügeln 1979 +
SäStsB IV K 173	99 584	DR 99 584	DR 99 1584-4	099 709-8	B'B'n4vt	1912	Traditionslok Rügen 2012, Neubaulok
SäStsB IV K 175	99 585	DR 99 585	DR 99 1585-1	099 710-6	B'B'n4vt	1912	MB Schönheide 1992, Neubaulok
SäStsB IV K 176	99 586	DR 99 586	DR 99 1586-9	099 711-4	B'B'n4vt	1913	grüne Traditionslok Radebeul, Neubaulok
SäStsB IV K 177	99 587	DR 99 587	(DR 99 1587-7)	-	B'B'n4vt	1913	Putbus 1974 +
SäStsB IV K 178	99 588	DR 99 588	-	-	B'B'n4vt	1913	Kirchberg 1968 +
SäStsB IV K 179	99 589	DR 99 589	-	-	B'B'n4vt	1913	Kirchberg 1966 +
SäStsB IV K 180	99 590	DR 99 590	DR 99 1590-1	-	B'B'n4vt	1913	MB Preßnitztalbahn 1991, Neubaulok
SäStsB IV K 181	99 591	DR 99 591	-	-	B'B'n4vt	1913	Kirchberg 1967 +
SäStsB IV K 182	99 592	DR 99 592	DR 99 1592-7	-	B'B'n4vt	1914	Kirchberg 1975 +
SäStsB IV K 183	99 593	DR 99 593	DR 99 1593-5	-	B'B'n4vt	1914	Glöwen 1976 +
SäStsB IV K 184	99 594	DR 99 594	DR 99 1594-3	-	B'B'n4vt	1914	Preßnitztalbahn seit 2014, Neubaulok
SäStsB IV K 185	99 595	DR 99 595	-	-	B'B'n4vt	1914	Putbus 1967 +
SäStsB IV K 186	99 596	DR 99 596	DR 99 1596-8	-	B'B'n4vt	1914	Jöhstadt 1975 +

SäStsB IV K 189	99 599	DR 99 599	DR 99 1599-2	-	B'B'n4vt	1914	Jöhstadt 1975 +
SäStsB IV K 190	99 600	DR 99 600	DR 99 1600-8	-	B'B'n4vt	1914	Heizlok Dresden 1972, verschrottet 1977
SäStsB IV K 191	99 601	DR 99 601	DR 99 1601-6	-	B'B'n4vt	1914	Heizlok Weißenberg 1974, verschrottet 1982
SäStsB IV K 192	99 602	-	-	-	B'B'n4vt	1914	Chemnitz 1934 +
SäStsB IV K 193	99 603	DR 99 603	-	-	B'B'n4vt	1914	Mügeln 1967 +
SäStsB IV K 194	99 604	DR 99 604	-	-	B'B'n4vt	1914	1970 DGEG, Museum Radebeul, Altbaulok
SäStsB IV K 195	99 605	DR 99 605	-	-	B'B'n4vt	1916	Kirchberg 1967 +
SäStsB IV K 196	99 606	DR 99 606	DR 99 1606-5	099 712-2	B'B'n4vt	1916	VM Nürnberg 1993, Carlsfeld 2009, Neubaulok
SäStsB IV K 197	99 607	DR 99 607	-	-	B'B'n4vt	1916	Kirchberg 1967 +
SäStsB IV K 198	99 608	DR 99 608	DR 99 1608-1	099 713-0	B'B'n4vt	1921	Traditionslok Freital-Hainsberg, Neubaulok
SäStsB V K 201	99 611	-	-	-	Dn2vt	1901	1936 +
SäStsB V K 202	99 612	-	-	-	Dn2vt	1901	1936 +
SäStsB V K 203	99 613	-	-	-	Dn2vt	1901	1936 +
SäStsB V K 204	99 614	-	-	-	Dn2vt	1905	1942 Osteinsatz
SäStsB V K 205	99 615	-	-	-	Dn2vt	1905	1942 Osteinsatz
SäStsB V K 206	99 616	-	-	-	Dn2vt	1906	1942 Osteinsatz
SäStsB V K 207	99 617	-	-	-	Dn2vt	1908	1934 +
SäStsB V K 208	99 618	-	-	-	Dn2vt	1908	1942 Osteinsatz
SäStsB V K 209	99 619	-	-	-	Dn2vt	1908	1934 +
WüStsB Tss4 12	99 621	-	-	-	Dn2t	1894	Beilstein 1928 +
WüStsB Tss4 13	99 622	-	-	-	Dn2t	1894	Beilstein 1928 +
WüStsB Tssd 41	99 631	-	-	-	B'Bn4vt	1899	Beilstein 1937 +
WüStsB Tssd 42	99 632	-	-	-	B'Bn4vt	1899	Beilstein 1939 +
WüStsB Tssd 43	99 633	DB 99 633	DB 099 633-0	-	B'Bn4vt	1899	Museumsbahn Öchsle seit 2002
WüStsB Tssd 44	99 634	-	-	-	B'Bn4vt	1901	Buchau 1940 +
WüStsB Tssd 45	99 635	-	-	-	B'Bn4vt	1901	Buchau 1940 +
WüStsB Tssd 46	99 636	-	-	-	B'Bn4vt	1901	1940 +
WüStsB Tssd 47	99 637	DB 99 637	-	-	B'Bn4vt	1908	Denkmal Bad Buchhau 1965
WüStsB Tssd 48	99 638	DB 99 638	-	-	B'Bn4vt	1908	Ochsenhausen 1954 +
WüStsB Tssd 49	99 639	DB 99 639	-	-	B'Bn4vt	1913	Güglingen 1956 +
SäStsB VI K 210	99 641	-	-	-	Eh2t	1918	Reparation 1945
SäStsB VI K 211	99 642	DR 99 642	-	-	Eh2t	1918	Heizlok Zschopau 1969
SäStsB VI K 212	99 643	-	-	-	Eh2t	1918	Kriegseinsatz 1944

Bezeichnung Länderbahn/ Privatbahn	Bezeichn. DRG/DR ab 1925	Bezeichnung DB ab 1949/ DR ab 1950	EDV-Nummer DB ab 1968/ DR ab 1970	Bezeichn. DB AG ab 1992	Bauart	Baujahr	Bemerkungen/Verbleib
SäStsB VI K 213	99 644	DR 99 644	-	-	Eh2t	1918	Wilsdruff 1968 +
SäStsB VI K 214	99 645	-	-	-	Eh2t	1918	Reparation 1945
SäStsB VI K 215	99 646	DR 99 646	(DR 99 1646-1)	-	Eh2t	1918	Wilsdruff 1971 +
SäStsB VI K 216	99 647	-	-	-	Eh2t	1918	Kriegseinsatz 1942
SäStsB VI K 217	99 648	DR 99 648	DR 99 1648-7	-	Eh2t	1918	Neubaulok, Wilsdruff 1972 +
SäStsB VI K 218	99 649	-	-	-	Eh2t	1918	Osteinsatz 1942
SäStsB VI K 219	99 650	DB 99 650	DB 099 650-4	-	Eh2t	1918	Beilstein 1970 +
SäStsB VI K 220	99 651	DB 99 651	DB 099 651-2	-	Eh2t	1918	Denkmal Steinheim 1969, seit 2016 Öchsle
SäStsB VI K 221	99 652	-	-	-	Eh2t	1918	Reparation 1945
SäStsB VI K 222	99 653	DR 99 653	DR 99 1653-7	-	Eh2t	1918	Neubaulok, Wilsdruff 1975 +
SäStsB VI K 223	99 654	DR 99 654	DR 99 1654-5	-	Eh2t	1918	Neubaulok, Wilsdruff 1975 +
SäStsB VI K 224	99 655	DR 99 655	DR 99 1655-2	-	Eh2t	1918	Wilsdruff 1972 +
-	99 671	DB 99 671	-	-	Eh2t	1923	Beilstein 1966 +
-	99 672	DB 99 672	-	-	Eh2t	1923	Beilstein 1966 +
-	99 673	DR 99 673	(DR 99 1673-5)	-	Eh2t	1923	Wilsdruff 1971 +
-	99 674	-	-	-	Eh2t	1923	Kriegsverlust 1945
-	99 675	-	-	-	Eh2t	1923	Reparation 1945
-	99 676	-	-	-	Eh2t	1923	Kriegsverlust 1943
-	99 677	-	-	-	Eh2t	1923	Osteinsatz 1943
-	99 678	DR 99 678	(DR 99 1678-4)	-	Eh2t	1923	Wilsdruff 1971 +
-	99 679	DB 99 679	-	-	Eh2t	1924	Beilstein 1966 +
-	99 680	DB 99 680	-	-	Eh2t	1924	Beilstein 1966 +
-	99 681	-	-	-	Eh2t	1924	Osteinsatz
-	99 682	DB 99 682	-	-	Eh2t	1924	Beilstein 1966 +
-	99 683	-	-	-	Eh2t	1924	unbekannt
-	99 684	DR 99 684	DR 99 1684-2	-	Eh2t	1925	Wilsdruff 1974 +
-	99 685	DR 99 685	DR 99 1685-9	-	Eh2t	1925	Wilsdruff 1974 +
-	99 686	DR 99 686	-	-	Eh2t	1925	Wilsdruff 1957 +
-	99 687	DR 99 687	DR 99 1687-5	-	Eh2t	1925	Neubaulok, Wilsdruff 1975 +
-	99 688	DR 99 688	-	-	Eh2t	1925	Wilsdruff 1967 +
-	99 689	DR 99 689	-	-	Eh2t	1925	Wilsdruff 1968 +

-	99 692	DR 99 692	DR 99 1692-5	-	Eh2t	1926	Wilsdruff 1974 +
-	99 693	DR 99 693	-	-	Eh2t	1926	Wilsdruff 1967 +
-	99 694	DR 99 694	DR 99 1694-1	-	Eh2t	1926	Neubaulok, Wilsdruff 1975 +
-	99 695	-	-	-	Eh2t	1926	Osteinsatz 1944
-	99 696	DR 99 696	DR 99 1696-6	-	Eh2t	1926	Neubaulok, Wilsdruff 1974 +
-	99 697	DR 99 697	-	-	Eh2t	1926	Wilsdruff 1967 +
-	99 698	-	-	-	Eh2t	1926	Reparation 1945
-	99 699	DR 99 699	DR 99 1699-8	-	Eh2t	1926	Jöhstadt 1972 +
-	99 700	-	-	-	Eh2t	1926	Reparation 1945
-	99 701	-	-	-	Eh2t	1926	Heilbronn, Verbleib unbekannt
-	99 702	-	-	-	Eh2t	1926	Osteinsatz 1944
-	99 703	DR 99 703	DR 99 1703-0	-	Eh2t	1926	Wilsdruff 1975 +
-	99 704	DB 99 704	DB 099 704-9	-	Eh2t	1926	Heilbronn 1970 +
-	99 705	DR 99 705	DR 99 1705-5	-	Eh2t	1926	Wilsdruff 1974 +
-	99 706	DR 99 706	DR 99 1706-3	-	Eh2t	1927	Neubaulok, Wilsdruff 1975 +
-	99 707	-	-	-	Eh2t	1927	Osteinsatz 1944
-	99 708	-	-	-	Eh2t	1927	Osteinsatz 1944
-	99 709	-	-	-	Eh2t	1927	Osteinsatz 1944
-	99 710	-	-	-	Eh2t	1927	Osteinsatz 1944
-	99 711	-	-	-	Eh2t	1927	Osteinsatz 1944
-	99 712	-	-	-	Eh2t	1927	Osteinsatz 1944
-	99 713	DR 99 713	DR 99 1713-9	099 720-5	Eh2t	1927	Traditionslok Radebeul
-	99 714	DR 99 714	DR 99 1714-7	-	Eh2t	1927	Wilsdruff 1976 +
-	99 715	DR 99 715	DR 99 1715-4	099 721-3	Eh2t	1927	MB Preßnitztalbahn 2002
-	99 716	DB 99 716	-	-	Eh2t	1927	Denkmal 1968, MB Ochsenhausen
-	99 717	-	-	-	Eh2t	1927	unbekannt
-	99 731	DR 99 731	DR 99 1731-1	099 722-1	1'E 1'h2t	1928	Zittau, Traditionslok
-	99 732	DR 99 732	DR 99 1732-9	-	1'E 1'h2t	1928	1973 +
-	99 733	-	-	-	1'E 1'h2t	1928	Reparation 1945
-	99 734	DR 99 734	DR 99 1734-5	099 723-9	1'E 1'h2t	1928	Freital
-	99 735	DR 99 735	DR 99 1735-2	099 724-7	1'E 1'h2t	1928	Zittau, ölgefeuert
-	99 736	-	-	-	1'E 1'h2t	1929	Reparation 1945
-	99 737	-	-	-	1'E 1'h2t	1929	Reparation 1945
-	99 738	DR 99 738	-	-	1'E 1'h2t	1929	1968 +
-	99 739	DR 99 739	-	-	1'E 1'h2t	1929	1968 +

Bezeichnung Länderbahn/ Privatbahn	Bezeichn. DRG/DR ab 1925	Bezeichnung DB ab 1949/ DR ab 1950	EDV-Nummer DB ab 1968/ DR ab 1970	Bezeichn. DB AG ab 1992	Bauart	Baujahr	Bemerkungen/Verbleib
-	99 740	DR 99 740	DR 99 1740-2	-	1'E 1'h2t	1929	Heizlok 1972
-	99 741	DR 99 741	DR 99 1741-0	099 725-4	1'E 1'h2t	1929	Freital
-	99 742	DR 99 742	-	-	1'E 1'h2t	1929	1967 +
-	99 743	DR 99 743	-	-	1'E 1'h2t	1929	Görlitz 1965 +
-	99 744	-	-	-	1'E 1'h2t	1929	Reparation 1945
-	99 745	DR 99 745	DR 99 1745-1	-	1'E 1'h2t	1929	1973 +
-	99 746	DR 99 746	DR 99 1746-9	099 726-2	1'E 1'h2t	1929	Freital
-	99 747	DR 99 747	DR 99 1747-7	099 727-0	1'E 1'h2t	1929	Radebeul
-	99 748	-	-	-	1'E 1'h2t	1929	Reparation 1945
-	99 749	DR 99 749	DR 99 1749-3	099 728-8	1'E 1'h2t	1929	Zittau
-	99 750	DR 99 750	DR 99 1750-1	099 729-6	1'E 1'h2t	1929	Zittau,1997 +, steht im Trixipark Großschönau
-	99 751	-	-	-	1'E 1'h2t	1933	Reparation 1945
-	99 752	-	-	-	1'E 1'h2t	1933	Reparation 1945
-	99 753	-	-	-	1'E 1'h2t	1933	Reparation 1945
-	99 754	DR 99 754	-	-	1'E 1'h2t	1933	1967 +
-	99 755	-	-	-	1'E 1'h2t	1933	Reparation 1945
-	99 756	-	-	-	1'E 1'h2t	1933	Reparation 1945
-	99 757	DR 99 757	DR 99 1757-6	099 730-4	1'E 1'h2t	1933	Zittau 1994 +
-	99 758	DR 99 758	DR 99 1758-4	099 731-2	1'E 1'h2t	1933	Zittau, ölgefeuert
-	99 759	DR 99 759	DR 99 1759-2	099 732-0	1'E 1'h2t	1933	Museumslok Oberrittersgrün
-	99 760	DR 99 760	DR 99 1760-0	099 733-8	1'E 1'h2t	1933	Zittau, ölgefeuert
-	99 761	DR 99 761	DR 99 1761-8	099 734-6	1'E 1'h2t	1933	Radebeul
-	99 762	DR 99 762	DR 99 1762-6	099 735-4	1'E 1'h2t	1933	Freital 1993 +
-	-	DR 99 771	DR 99 1771-7	099 736-1	1'E 1'h2t	1952	Freital
-	-	DR 99 772	DR 99 1772-5	099 737-9	1'E 1'h2t	1952	Oberwiesenthal
-	-	DR 99 773	DR 99 1773-3	099 738-7	1'E 1'h2t	1952	Oberwiesenthal
-	-	DR 99 774	DR 99 1774-1	-	1'E 1'h2t	1952	1972 +
-	-	DR 99 775	DR 99 1775-8	099 739-5	1'E 1'h2t	1953	Radebeul
-	-	DR 99 776	DR 99 1776-6	099 740-3	1'E 1'h2t	1953	Oberwiesenthal
-	-	DR 99 777	DR 99 1777-4	099 741-1	1'E 1'h2t	1953	Radebeul
-	-	DR 99 778	DR 99 1778-3	099 742-9	1'E 1'h2t	1953	Radebeul

-	-	DR 99 781	DR 99 1781-6	099 745-3	1'E 1'h2t	1953	Rügen 2009
-	-	DR 99 782	DR 99 1782-4	099 746-0	1'E 1'h2t	1953	Rügen 1984
-	-	DR 99 783	DR 99 1783-2	099 747-8	1'E 1'h2t	1953	Rügen 2003
-	-	DR 99 784	DR 99 1784-0	099 748-6	1'E 1'h2t	1953	Rügen 1984
-	-	DR 99 785	DR 99 1785-7	099 749-4	1'E 1'h2t	1954	Oberwiesenthal
-	-	DR 99 786	DR 99 1786-5	099 750-2	1'E 1'h2t	1954	Oberwiesenthal
-	-	DR 99 787	DR 99 1787-3	099 751-0	1'E 1'h2t	1955	Zittau, ölgefeuert
-	-	DR 99 788	DR 99 1788-1	099 752-8	1'E 1'h2t	1955	Ochsenhausen
-	-	DR 99 789	DR 99 1789-9	099 753-6	1'E 1'h2t	1955	Radebeul
-	-	DR 99 790	DR 99 1790-7	099 754-4	1'E 1'h2t	1955	Denkmal Freital
-	-	DR 99 791	DR 99 1791-5	099 755-2	1'E 1'h2t	1955	MB Radebeul
-	-	DR 99 792	DR 99 1792-3	-	1'E 1'h2t	1956	Heizlok 1972 +
-	-	DR 99 793	DR 99 1793-1	099 756-9	1'E 1'h2t	1956	Freital
-	-	DR 99 794	DR 99 1794-9	099 757-7	1'E 1'h2t	1956	Oberwiesenthal
ČSD U 37.007	99 791	DR 99 4712	-	-	C 1'n2t	1899	Kyritz 1965 +
	-	DR 99 1401	-	-	Dh2	1947	Glöwen 1968 +
PKP 4321	99 2571	DR 99 4051	-	-	Dn2v	1907	Wilsdruff 1953 +
PKB 21	99 2700	DB 99 241	-	-	1'Cn2t	1917	1000 mm, Speyer 1957 +, Schwester 99 5633
Dampfloks 600-mm-Spurweite (Mecklenburg/Lausitz)							
Bo 121	-	DR 99 3001	-	-	Bn2t+T	1924	Jarmen 1966 +
GRAF ARNIM	-	DR 99 3301	-	-	Cn2t+T	1895	Parkeisenbahn Cottbus 1969
HF 1638	-	DR 99 3311	DR 99 3311-0	-	Dn2t	1917	Museumsbahn Schinznach (CH) 1977
DIANA	-	DR 99 3312	DR 99 3312-8	-	Dn2t	1912	WEM Bad Muskau
HF 312	-	DR 99 3313	DR 99 3313-6	-	Dn2t	1914	Frankfurter Feldbahn 1976
HF 1487	-	DR 99 3314	DR 99 3314-4	-	Dn2t	1917	DLM Neuenmarkt-Wirsberg 1975
HF 1547	-	DR 99 3315	DR 99 3315-1	-	Dn2t	1917	Mühlenstroth 1977
HF 634	-	DR 99 3316	DR 99 3316-9	-	Dn2t	1916	Museum Speyer 1981
HF 1914	-	DR 99 3317	DR 99 3317-7	-	Dn2t	1918	WEM Bad Muskau
HF 2301	-	DR 99 3318	DR 99 3318-5	-	Dn2t	1918	Mühlenstroth 1972
HF 1338	-	DR 99 3319	DR 99 3310-2	-	Dn2t	1917	Ohsabanan 1973

Bezeichnung Länderbahn/ Privatbahn	Bezeichn. DRG/DR ab 1925	Bezeichnung DB ab 1949/ DR ab 1950	EDV-Nummer DB ab 1968/ DR ab 1970	Bezeichn. DB AG ab 1992	Bauart	Baujahr	Bemerkungen/Verbleib
MPSB 1	-	DR 99 3351	-	-	C 1'n2	1906	Frankfurter Feldbahn 2000
MPSB 4	-	DR 99 3352	-	-	C 1'n2	1907	Denkmal Friedland 1968
MPSB 5	-	DR 99 3353	-	-	C 1'n2	1908	MB Großbritannien 1969
MPSB 14	-	DR 99 3361	(DR 99 3361-5)	-	Dh2	1938	Museum Michingan (USA) 1972
MPSB 8	-	DR 99 3451	-	-	C 1'h2	1914	Görlitz 1966 +
MPSB 9	-	DR 99 3461	-	-	Dh2	1925	MB Großbritannien 1970, Froissy-Dompierre 1980
MPSB 12	-	DR 99 3462	-	-	Dh2	1934	Mühlenstroth 1978
MPSB 21	-	DR 99 3651	-	-	Bn2t	1940	Industrie 1958
MPSB 22	-	DR 99 3652	-	-	Bn2t	1941	Industrie 1958
Dampfloks 750-mm-Spurweite (DDR)							
PKP	-	DR 99 4001	-	-	Cn2t	1915	Mügeln verkauft 1951
UdSSR 159-420	99 4052	DR 99 4541	-	-	Dh2	1934	Görlitz 1966 +
KJI 23	-	DR 99 4301	-	-	Cn2t	1920	Denkmal Gommern 1975
KJI 22	-	DR 99 4401 / 99 4712		-	Bn2t	1922	Burg 1967 +, Denkmal Klusberge, 1977 verschr.
PKKlb 14	-	DR 99 4501	-	-	Cn2t	1897	Dahme 1964 +
PKKlb 16	-	DR 99 4502	-	-	Cn2t	1897	Glöwen 1966 +
PKKlb 17	-	DR 99 4503	-	-	Cn2t	1900	Glöwen 1969 +, Museum Gramzow 1996
PKKlb 22	-	DR 99 4504	-	-	Cn2t	1906	Kyritz 1967 +
PKKlb 23	-	DR 99 4505	-	-	Cn2t	1912	Kyritz 1963 +
KBR 3	-	DR 99 4511[1]	-	-	C 1'n2t	1899	Neubau 1965

RüKB 31 nn	-	DR 99 4521	-	-	B'Bn4vt	1902	Putbus 1965 +
RüKB 32 nn	-	DR 99 4522	-	-	B'Bn4vt	1903	Putbus 1966 +
RüKB 33 nn	-	DR 99 4523	-	-	B'Bn4vt	1905	Putbus 1965 +
RüKB 34 nn	-	DR 99 4524	-	-	B'Bn4vt	1908	Putbus 1965 +
RüKB 35 nn	-	DR 99 4525	-	-	B'Bn4vt	1911	Putbus 1966 +, Heizlok Neubrandenburg
GLÜCK AUF	-	DR 99 4531	-	-	Dn2t	1908	Trusetal 1962 +
TRUSETAL	-	DR 99 4532	DR 99 4532-0	-	Dn2t	1924	Traditionslok Zittau
DKBW m	-	DR 99 4601	-	-	Bn2t	1896	Jarmen 1954 +
RüKB 7 m	-	DR 99 4602	-	-	Bn2t	1896	Putbus 1964 +
RüKB 9 m	-	DR 99 4603	-	-	Bn2t	1896	Putbus 1965 +
Bröltalbahn 6	-	DR 99 4611	-	-	Cn2t	1891	Einsatz auf Trusetalbahn, Görlitz 1966 +
PKK 1	-	DR 99 4612	-	-	Cn2t	1908	Görlitz 1966 +
PKK 2	-	DR 99 4613	-	-	Cn2t	1908	Görlitz 1966 +, Einsatz Pasewalk–Klockow
KJI 9	-	DR 99 4614	-	-	Cn2t	1909	Burg 1963 +
KJI 10	-	DR 99 4615	-	-	Cn2t	1910	Burg 1957 +
KRL 5	-	DR 99 4621	-	-	C 2'n2t	1901	Putbus 1965 +, urspr. Oberschlesien C+B'n2t
RüKB 51 M	-	DR 99 4631	DR 99 4631-0	-	Dn2t	1913	Putbus 1984 +, Privatbesitz Prora
RüKB 52 M	-	DR 99 4632	DR 99 4632-8	099 770-0	Dn2t	1914	RüBB 1996
RüKB 53 Mh	-	DR 99 4633	DR 99 4633-6	099 771-8	Dh2t	1925	RüBB 1996
KRL / KJI 16	-	DR 99 4641	-	-	Dn2t	1912	neugebaut 1963, Putbus 1969 +
KJI 11	-	DR 99 4642 / 99 4551		-	Dn2 / Dn2t	1922	mit Schlepptender 1946–59, Burg 1965 +
KJI 12	-	DR 99 4643	DR 99 4643-5	-	Dn2t	1922	neugebaut 1964, Perleberg 1971 +
KRL / KJI 15	-	DR 99 4644	DR 99 4644-3	-	Dn2t	1923	neugebaut 1964, MB Lindenberg 1994
KJI 14	-	DR 99 4645	-	-	Dn2t	1924	neugebaut 1964, Unfall Kehrberg 1969
LJK 1	-	DR 99 4651	-	-	Cn2	1941	Putbus 1968 +
LJK 4	-	DR 99 4652	(DR 99 4652-6)	-	Cn2	1941	Rügensche Bäderbahn seit 1994
LJK 5	-	DR 99 4653	-	-	Cn2	1944	Putbus 1968 +

Bezeichnung Länderbahn/ Privatbahn	Bezeichn. DRG/DR ab 1925	Bezeichnung DB ab 1949/ DR ab 1950	EDV-Nummer DB ab 1968/ DR ab 1970	Bezeichn. DB AG ab 1992	Bauart	Baujahr	Bemerkungen/Verbleib
PKKlb 19	-	DR 99 4701[1]	-	-	Cn2t	1914	neugebaut Görlitz 1964, (Rahmen nur tw. neu)
-	-	DR 99 4701[2]	DR 99 4701-1	-	Cn2t	1964	Glöwen 1971 +, Verkauf in BRD 1977, Denkmal Wöllstein, Betonwerke Jungk
PKKlb 20	-	DR 99 4711	-	-	C 1'n2t	1920	Perleberg 1966 +
KJI 20	-	DR 99 4801	DR 99 4801-9	099 780-9	1'Dh2t	1938	Burg bis 1965, RüBB
KJI 21	-	DR 99 4802	DR 99 4802-7	099 781-7	1'Dh2t	1938	Burg bis 1965, RüBB, beide 1960 erneuert, Eigentum Preßnitztalbahn
Dampfloks 1000-mm-Spurweite (DDR)							
Werklok	-	DR 99 5001[1]	-	-	Bn2t	1920	verkauft 1951
SpremStB 11	-	DR 99 5001[2]	DR 99 5001-5	-	Bn2t	1925	Harz 1957, Museumsbahn Pithiviers (F) 1973
SpremStB 12	-	DR 99 5201	(DR 99 5201-1)	-	Bh2t	1938	Wernigerode 1973 +
FKB 1 i	-	DR 99 5601	-	-	Bn2t	1893	Barth 1966 +
FKB 2 i	-	DR 99 5602	-	-	Bn2t	1893	Barth 1967 +
FKB 3 i	-	DR 99 5603	-	-	Bn2t	1893	Barth 1962 +
FKB 4 i	-	DR 99 5604	-	-	Bn2t	1894	Museumsbahn Bruchh.-V. 1980
FKB 5 i	-	DR 99 5605	-	-	Bn2t	1894	Denkmal bei LGB Nürnberg seit 1970
FKB 6 i	-	DR 99 5606	-	-	Bn2t	1894	Barth 1957 +
FKB 9 o	-	DR 99 5611	DR 99 5611-1	-	Cn2t	1903	MB Tence–St. Agreve 1973
FKB 7 ii	-	DR 99 5621	(DR 99 5621-0)	-	B'Bn4vt	1902	Barth 1970 +
FKB 8 ii	-	DR 99 5622	-	-	B'Bn4vt	1910	Barth 1967 +
PKB 23	-	DR 99 5631[1] / 99 5633		-	1'Cn2t	1917	umbenannt 1954, MB Bruchh.-Vilsen 1971, Schwester von 99 2700 (99 241)
Tram Côte d'Or 3	-	DR 99 5631	-	-	C 1'n2t	1890	Barth 1966 +

Spwb STRAUPITZ	-	DR 99 5702	-	-	Cn2t	1897	Straupitz 1967 +
Spwb LÜBBEN	-	DR 99 5703	DR 99 5703-6	-	Cn2t	1897	Straupitz 1970 +, Mu. Lübbenau 1975
Spwb BURG	-	DR 99 5704	DR 99 5704-4	-	Cn2t	1897	Straupitz 1970 +
Spwb COTTBUS	-	DR 99 5705	-	-	Cn2t	1897	Straupitz 1968 +
Spwb GOYATZ	-	DR 99 5706	DR 99 5706-9	-	Cn2t	1899	Straupitz 1970 +
Spwb WERBEN	-	DR 99 5707	-	-	Cn2t	1903	Straupitz 1969 +
GMWE 1	-	DR 99 5711	-	-	B'Bn4vt	1900	Gera-Pforten 1965 +
GMWE 2	-	DR 99 5712	-	-	B'Bn4vt	1900	Gera-Pforten 1966 +
GMWE 4	-	DR 99 5713	-	-	B'Bn4vt	1902	Gera-Pforten 1967 +
GMWE 6	-	DR 99 5714	-	-	B'Bn4vt	1907	Gera-Pforten 1968 +
Hall∍HafB 3x	-	DR 99 5801	-	-	Bn2t	1894	Halle 1967 +
Hall∍HafB 4x	-	DR 99 5802	-	-	Bn2t	1894	Halle 1966 +
NWE 3	-	DR 99 5803	-	-	Bn2t	1896	Nordhausen 1967 +
NWE 1	-	DR 99 5804	-	-	Bn2t	1896	Nordhausen 1965 +
GHE Gernrode	-	DR 99 5811	-	-	Cn2t	1887	Gernrode 1967 +
NWE 11	-	DR 99 5901	DR 99 5901-6	(099 110-9)	B'Bn4vt	1897	HSB 1992
NWE 12 (ex 14)	-	DR 99 5902	DR 99 5902-4	099 111-7	B'Bn4vt	1897	HSB 1992, grün
NWE 13 (ex 18)	-	DR 99 5903	DR 99 5903-2	099 112-5	B'Bn4vt	1898	HSB 1992, grün
NWE 15 (ex 21)	-	DR 99 5904	DR 99 5904-0	-	B'Bn4vt	1901	Görlitz 1990 +
NWE 14 (ex 22)	-	DR 99 5905	DR 99 5905-7	-	B'Bn4vt	1901	Gernrode 1975 +
NWE 41[2]	-	DR 99 5906	DR 99 5906-5	(099 113-3)	B'Bn4vt	1918	HF-Lok, HSB 1992
GMWE 7	-	DR 99 5911	-	-	Dh2t	1922	Gera-Pforten 1969 +
GMWE 8	-	DR 99 5912	DR 99 5912-3	-	Dh2t	1922	Görlitz 1975 +
NWE 21	-	DR 99 6001	DR 99 6001-4	099 120-8	1'C 1'h2t	1939	HSB 1992
NWE 51	-	DR 99 6011	-	-	(1'B)'B1'h4vt	1922	Gera-Pforten 1966 +
NWE 52	-	DR 99 6012	-	-	(1'B)'B1'h4vt	1924	Wernigerode 1963 +

Bezeichnung Länderbahn/ Privatbahn	Bezeichn. DRG/DR ab 1925	Bezeichnung DB ab 1949/ DR ab 1950	EDV-Nummer DB ab 1968/ DR ab 1970	Bezeichn. DB AG ab 1992	Bauart	Baujahr	Bemerkungen/Verbleib
NWE 6	-	DR 99 6101	DR 99 6101-2	099 130-7	Ch2t	1914	HSB 1992
NWE 7	-	DR 99 6102	DR 99 6102-0	-	Cn2t	1914	HSB 1992
T 31 1603	99 7102	-	-	-	Cn2t	1888	Dorndorf 1926 +
MoMuB 1	99 7201	DB 99 7201	-	-	Cn2t	1904	Denkmal Passau 1965
MoMuB 2	99 7202	DB 99 7202	-	-	Cn2t	1904	Denkmal Mudau 1965
MoMuB 3	99 7203	DB 99 7203	-	-	Cn2t	1904	MB Amstetten 1990
MoMuB 4	99 7204	DB 99 7204	-	-	Cn2t	1904	Denkmal Bermbach, Märkische MB 2002
Ältere Dampfloks 750-mm-Spurweite (Sachsen)							
SäStsB I K 2	99 7501	-	-	-	Cn2t	1881	Doppellok II K neu, 1925 +
SäStsB I K 3	99 7502	-	-	-	Cn2t	1881	Doppellok II K neu, 1925 +
SäStsB I K 7	99 7503	-	-	-	Cn2t	1884	1927 +
SäStsB I K 11	99 7504	-	-	-	Cn2t	1884	1926 +
SäStsB I K 39	99 7505	-	-	-	Cn2t	1890	1944 +
SäStsB I K 17	99 7506	-	-	-	Cn2t	1884	1926 +
SäStsB I K 20	99 7507	-	-	-	Cn2t	1884	1928 +
SäStsB I K 21	99 7508	-	-	-	Cn2t	1884	1929 +
SäStsB I K 22	99 7509	-	-	-	Cn2t	1885	1927 +
SäStsB I K 23	99 7510	-	-	-	Cn2t	1885	1929 +
SäStsB I K 25	99 7511	-	-	-	Cn2t	1886	1926 +
SäStsB I K 26	99 7512	-	-	-	Cn2t	1886	1927 +
SäStsB Ib K 27	99 7513	-	-	-	Cn2t	1886	1926 +
SäStsB Ib K 28	99 7514	-	-	-	Cn2t	1886	1926 +
SäStsB Ib K 29	99 7515	-	-	-	Cn2t	1888	1928 +
SäStsB I K 31	99 7516	-	-	-	Cn2t	1888	1926 +
SäStsB I K 32	99 7517	-	-	-	Cn2t	1888	1928 +
SäStsB I K 33	99 7518	-	-	-	Cn2t	1888	1928 +
SäStsB I K 34	99 7519	-	-	-	Cn2t	1888	1926 +
SäStsB I K 35	99 7520	-	-	-	Cn2t	1888	1926 +
SäStsB I K 36	99 7521	-	-	-	Cn2t	1888	1927 +

SäStsB I K 40	99 7524	-	-	-	Cn2t	1890	1927 +
SäStsB I K 41	(99 7525)	-	-	-	Cn2t	1890	1925 +
SäStsB I K 42	99 7526	-	-	-	Cn2t	1891	1927 +
SäStsB I K 43	99 7527	-	-	-	Cn2t	1892	1929 +
SäStsB III K 35	99 7541	-	-	-	C 1'n2t	1889	1925 +
SäStsB III K 36	99 7542	-	-	-	C 1'n2t	1889	1925 +
SäStsB III K 43	99 7543	-	-	-	C 1'n2t	1891	1925 +
SäStsB III K 44	99 7544	-	-	-	C 1'n2t	1891	1926 +
SäStsB III K 45	99 7545	-	-	-	C 1'n2t	1891	1925 +
SäStsB III K 46	99 7546	-	-	-	C 1'n2t	1891	1926 +
SäStsB II K 61a/b	(99 7551)	-	-	-	Cn2t	1891	Doppellok von I K 1 und I K 4, 1923 +

Statistik

- 508 Dampflokomotiven • 97 Dampfloktypen
- 136 davon existieren noch (weiß hinterlegt)

Dieselloks 1000-mm-Spurweite (Wangerooge/Pfalz/Harz)

-	-	DB V 11 901	DB 329 501-1	399 101-5	Cdh	1952	HF 130 C, Wangerooge 1999 +, Prora 2000
-	-	DB V 11 902	DB 329 502-9	399 102-3	Cdh	1957	HF 130 C, Wangerooge 1999 +, Prora 2000
-	-	DB V 11 903	DB 329 503-7	399 103-1	Cdh	1957	HF 130 C, Wangerooge 1999 +, Prora 2000
HEINRICH	-	-	DB 329 504-5	399 104-9	Bdh	1952	Juist, Wangerooge 1971, 1999 +, Prora 2000
MBE	-	-	-	399 105-6	Cdh	1990	L 18 H-C, Wangerooge 1992
MBE	-	-	-	399 106-4	Cdh	1990	L 18 H-C, Wangerooge 1992
-	-	-	-	399 107-2	Bdh	1999	beides Neubauloks von
-	-	-	-	399 108-0	Bdh	1999	Schöma für Wangerooger Inselbahn 1999
-	-	DB V 29 951	(DB 299 951-4)	-	B'B'dh	1952	Walhallabahn 1968 +
-	-	DB V 29 952	-	-	B'B'dh	1952	Altenst. 1967, MEG 1980, Bruchh.-V. 1997
-	-	DB V 29 953	(DB 299 953-0)	-	B'B'dh	1952	Walhallabahn 1968 +
-	-	DR V 30 001	DR 199 301-3	399 130-4	Cdh	1966	V 30 C, HSB 1992

Bezeichnung Länderbahn/ Privatbahn	Bezeichn. DRG/DR ab 1925	Bezeichnung DB ab 1949/ DR ab 1950	EDV-Nummer DB ab 1968/ DR ab 1970	Bezeichn. DB AG ab 1992	Bauart	Baujahr	Bemerkungen/Verbleib
Dieselloks 750-mm-Spurweite (Sachsen/Württemberg)							
-	-	DR V 36 4801	-	-	B'B'dm	1958	beide Versuchsloks für
-	-	DR V 36 4802	-	-	B'B'dm	1958	Sachsen, beide 1963 +
-	-	DB V 51 901	DB 251 901-5	-	B'B'dh	1964	Ochsenhausen, Österr. 1971, Putbus 1999
-	-	DB V 51 902	DB 251 902-3	-	B'B'dh	1964	MB Öchsle 1983
-	-	DB V 51 903	DB 251 903-1	-	B'B'dh	1964	Ochsenhausen 1983, Spanien 1983
Dieselloks 1000-mm-Spurweite (Württemberg)							
-	-	DB V 52 901	DB 252 901-4		B'B'dh	1964	Mosbach 1973, Spanien 1985
-	-	DB V 52 902	DB 252 902-2		B'B'dh	1964	Mosbach 1973, Italien 1986
Kleindieselloks 600-mm-Spurweite (MPSB/WEM)							
WEM	-	DR Kb 0401	-	-	Bpm	?	WEM 1952 +
WEM	-	DR Kb 0402	-	-	Bpm	?	WEM 1952 +
-	Kö 0403	DR Kö 0403	-	-	Bdm	1934	1958 +
-	Kö 0404	DR Kö 0404	-	-	Bdm	1937	1956 +
HF / MPSB	Kö 0405	DR Kö 0405	-	-	Bdm	1937	MPSB 1962 +
HF / MPSB	Kö 0406	DR Kö 0406	-	-	Bdm	1939	MPSB 1962 +
HF / MPSB	Kö 0407	DR Kö 0407	-	-	Bdm	1939	MPSB 1962 +
HF / MPSB	Kö 0408	DR Kö 0408	-	-	Bdm	1940	OMZ 122 F, MPSB 1953 +
WEM	Kö 0409	DR Kö 0409	-	-	Bdm	1940	WEM 1962 +
Kleindieselloks 750-mm-Spurweite (Sachsen-Anhalt/Rügen)							
HF	Köf 6001	DR 100 901	DR 199 001-9	-	Cdh	1944	HF 130 C, Putbus 1987 +
HF	Köf 6003	DR 100 902	DR 199 002-7	399 703-8	Cdh	1944	HF 130 C, Putbus 1964, RüBB 1996

KJI	-	DR Kö 6004	-	-	Bdm	1944	HF 50 B, Burg 1967 +
-	-	DR Kö 6005	-	-	Bdm	1954	Putbus 1970 +
Kleindieselloks 1000-mm-Spurweite (Sachsen-Anhalt)							
-	-	DR 100 903	DR 199 003-5	-	Bdm	1953	NVA, HalleHafB 1964, 1983 +
-	-	DR 100 904	DR 199 004-3	-	Bdm	1953	NVA, HalleHafB 1964, 1983 +
-	-	DR 100 905	DR 199 005-0	399 112-2	Cdm	1964	Spwb 1970, HSB 1992
-	-	DR 100 906	DR 199 006-8	399 113-0	Cdm	1964	Spwb 1970, HSB 1992
Kleindieselloks 750-mm-Spurweite (Sachsen)							
-	-	DR 100 907	DR 199 007-6	399 701-2	Cdm	1954	Ns4, Schönfeld-Wiesa, Jöhstadt 1992
-	-	DR 100 908	DR 199 008-4	399 702-0	Cdm	1957	V 10 C, Schönfeld-Wiesa, Mügeln 1993
Regelspur-Umbauten Dieselloks 1000-mm-Spurweite (Sachsen-Anhalt)							
-	100 128	DR 100 128	DR 199 003-5[2]	-	Bdm	1983	HalleHafB 1983, Harz 1991
-	100 287	DR 100 287	DR 199 004-3[2]	-	Bdm	1983	HalleHafB 1983, Harz 1991
-	100 325	DR 100 325	DR 199 010-0	399 114-8	Bdm	1983	Harz 1983, HSB 1992
-	100 639	DR 100 639	DR 199 011-8	399 115-5	Bdm	1991	Harz 1991, HSB 1992
-	100 213	DR 100 213	DR 199 012-6	399 116-3	Bdm	1991	Harz 1991, HSB 1992
-	-	-	DR 199 861	299 110	C'C'dh	1976	Harz 1989, HSB 1992
-	-	-	DR 199 863	299 111	C'C'dh	1976	Harz 1988, inzw. Rückbau
-	-	-	DR 199 870	299 112	C'C'dh	1976	Harz 1989, inzw. Rückbau
-	-	-	DR 199 871	299 113	C'C'dh	1976	Harz 1988, HSB 1992
-	-	-	DR 199 872	299 114	C'C'dh	1976	Harz 1989, HSB 1992
-	-	-	DR 199 874	299 115	C'C'dh	1976	Harz 1990, HSB 1992
-	-	-	DR 199 877	299 116	C'C'dh	1978	Harz 1990, HSB 1992
-	-	-	DR 199 879	299 117	C'C'dh	1978	Harz 1990, inzw. Rückbau
-	-	-	DR 199 891	299 118	C'C'dh	1978	Harz 1990, inzw. Rückbau
-	-	-	DR 199 892	299 119	C'C'dh	1978	Harz 1990, HSB 1992

Bezeichnung Länderbahn/ Privatbahn	Bezeichn. DRG/DR ab 1925	Bezeichnung DB ab 1949/ DR ab 1950	EDV-Nummer DB ab 1968/ DR ab 1970	Bezeichn. DB AG ab 1992	Bauart	Baujahr	Bemerkungen/Verbleib
Kleindieselloks 600-mm-Spurweite (Berlin)							
V 10 C	-	-	DR 199 101-7	399 601-4	Cdm	1969	Berliner Parkeisenbahn
V 10 C	-	-	DR 199 102-5	399 602-2	Cdm	1957	Berliner Parkeisenbahn
Ns2f	-	-	DR 199 103-3	399 703-8	Bdm	1957	Berliner Parkeisenbahn
Elektroloks 1000-mm-Spurweite (Sachsen)							
I ME 1	I ME 1	DR E 191 01	-	-	B'B'g4t	1914	Klingenthal 1967 +
I ME 2	I ME 2	DR E 191 02	-	-	B'B'g4t	1914	Klingenthal 1967 +
Elektro-Straßenbahn-Triebwagen 1000-mm-Spurweite							
-	-	DB ET 195 01	-	-	B'2'g1	1954	Ravensburg 1961 +
-	-	DB ET 195 02	-	-	B'2'g1	1954	Ravensburg 1961 +
LAG 800	ET 196 01	DB ET 196 01	-	-	(A1)'(1A)'g2t	1908	Ravensburg 1961 +
LAG 801	ET 196 02	DB ET 196 02	-	-	(A1)'(1A)'g2t	1908	Ravensburg 1961 +
LAG 802	ET 196 03	DB ET 196 03	-	-	(A1)'(1A)'g2t	1908	Ravensburg 1961 +
LAG 803	ET 196 04	DB ET 196 04	-	-	(A1)'(1A)'g2t	1910	Ravensburg 1961 +
LAG 804	ET 196 05	DB ET 196 05	-	-	(A1)'(1A)'g2t	1910	Ravensburg 1961 +
LAG 875	ET 197 01	DB ET 197 01	-	-	Bog2t	1914	Ravensburg 1961 +
SäStsB I M ET 1	ET 197 21	DR ET 197 21	-	-	Bog2t	1914	Klingenthal 1958 +
SäStsB I M ET 2	ET 197 22	DR ET 197 22	-	-	Bog2t	1914	Klingenthal 1958 +
-	-	DR ET 198 03	-	-	Bog2t	1954	Klingenthal – Georgenthal, Plauen 1964
-	-	DR ET 198 04	-	-	Bog2t	1956	Klingenthal – Georgenthal, Plauen 1964
-	-	DR ET 198 05	-	-	Bog2t	1958	Klingenthal – Georgenthal, Plauen 1964
-	-	DR ET 198 06	-	-	Bog2t	1958	Klingenthal – Georgenthal, Plauen 1964
Dieseltriebwagen 1000-mm-Spurweite (Sachsen-Anhalt/Thüringen)							

Spwb 501	-	DR 133 523	DR 187 002-1	-	A1dm	1934	Straupitz 1974 +

Dieseltriebwagen 750-mm-Spurweite (Brandenburg/Sachsen)

PKKlb 701	-	DR 133 524	(DR 187 003-9)	-	A1bm	1939	Perleberg 1968 +
PKKlb 702	-	DR 133 525	(DR 187 004-7)	-	A1bm	1940	Perleberg 1969 +, verschrottet 1994
LVD 903	136 600	DR 137 600a+b+c		-	2'(1A)'(A1)'2'dm		Umbau Riga 1939, Perleberg 1968 +
-	137 322	DR 137 322	-	-	B'2'dh	1938	Zittau Traditions-VT
-	137 323	DR 137 323	-	-	B'2'dh	1938	Osteinsatz 1944
-	137 324	DR 137 324	-	-	B'2'dh	1938	Osteinsatz 1944
-	137 325	DR 137 325	-	-	B'2'dh	1938	Osteinsatz 1944

Dieseltriebwagen 1000-mm-Spurweite (Mecklenburg/Harz/Wangerooge)

FKB 1121	-	DR 137 531	-	-	(1A)'(A1)'dm	1935	Umbau in VB 1952
FKB 1124	-	DR 137 532	DR 187 101-1	-	(1A)'(A1)'dm	1939	Barth 1972 +, Bruchh-V. 1974
FKB 1125	-	DR 137 562	DR 187 102-9	-	Bo'2'de	1939	Barth 1973 +
FKB 1126	-	DR 137 563	DR 187 103-7	-	Bo'2'de	1939	Barth 1973 +
FKB 1127	-	DR 137 564	-	-	Bo'2'de	1939	Umbau in VB 1951
NWE T 1	-	DR 137 561	-	-	Bo'Bo'de	1935	Wernigerode 1969 +
NWE T 2	-	DR 137 565	-	-	Bo'Bo'de	1939	Wernigerode 1967 +
NWE T 3	-	DR 137 566	DR 187 025-2	-	Bo'Bo'de	1939	HSB 1992
EPG T 61	-	-	DB 699 001-4	699 101-2	B'2'dm	1933	Wangeroge 1981, Bruchh.-V. 1996

Statistik

- 92 Dieseltriebfahrzeuge
- 44 Dieseltriebfahrzeugtypen
- 43 davon existieren noch

Anmerkungen

Verwendete Literatur

- BAHN EXTRA: Dampf-Nostalgie '93, GeraNova 1993
- BAHN EXTRA: Fahrzeug-Katalog, Band 10: Schmalspurlokomotiven, GeraNova 1995
- Bauchspies, Wolfgang; Jünemann, Klaus; Kieper, Klaus: Das große Buch der Rügenschen Kleinbahnen, Verlag Karl Paskarb 2005
- Bäumer, Wolfram: Mit Tempo 20 über Land, DEV-Kleinbahn-Verlag 1992
- Beier, Roland: Fahrzeugportrait Reihe U, Transpress 2001
- Böttger, Thomas: Dampf zwischen Neiße und Zwickauer Mulde, Bild-Verlag Thomas-Böttger 1998
- Eisenbahn-Kurier: diverse Ausgaben 1990–2010, EK-Verlag
- Eisenbahn-Journal: diverse Ausgaben 1995–1999, Verlagsgruppe Bahn GmbH
- Endisch, Dirk: Generalreparatur und Großteilerneuerung, Verlag Dirk Endisch 2004
- Fader, Klaus; Faust, Hans: Mit Dampf auf bergiger Strecke, Franckh-Kosmos-Verlag 1993
- Feuereißen, Günther: Lokomotiven, Dampf und Züge, Gondrom 1990
- Feuereißen, Günther: Reisen mit der Dampfbahn, Gondrom 1988
- Feuereißen, Günther: Schienen, Dampf und Räder, Gondrom 1989
- Feuereißen, Günther; Faust, Hans: Deutsche Dampfzüge, Gondrom 1990
- Groote, Wolf Dietrich: Die Plettenberger Kleinbahn, Verlag Kenning 1994 und 2002
- Häupel, Stephan; Schramm, Eberhard: Schmalspurbahnen um Thum, Verlag Kenning 2002
- Högemann, Josef: Das Schmalspurnetz Mügeln, Verlag Kenning 1993
- Högemann, Josef: Eisenbahnen im Harz II, Verlag Kenning 1996
- Högemann, Josef: Privatbahnen in der Grafschaft Hoya, Verlag Kenning 1992
- Högemann, Josef: Schmalspurbahnen an der Ostsee, Verlag Kenning 1991
- Högemann, Josef: Schmalspurbahnen im Ostharz, Verlag Kenning 1991
- Kenning, Ludger: Das Schmalspurnetz Wilsdruff, Verlag Kenning 1995
- Kenning, Ludger: Schmalspurbahnen um Mügeln und Wilsdruff, Verlag Kenning 2001
- Kenning, Ludger; Groote, Wolf Dietrich; Moll, Gerhard: Die Kreis Altenaer Eisenbahn, Verlag Kenning 1996
- Knipping, Andreas; Schulz, Reinhard: Reichsbahn hinter der Ostfront, Transpress 1999
- Kramer, Bernd; Heinrich, Rainer: Die Schmalspurbahn Grünstädtel–Oberrittersgrün, Verlag Kenning 2000
- Lenhard, Dirk; Moll, Gerhard; Scheffler, Reiner: Die sächsische IV K, Eisenbahn-Kurier-Verlag 2004
- Löffler, Peter: 100 Jahre Inselbahn Wangerooge, Deutsche Bahn AG 1997
- Löhner, Hans: Das »Gründerla« von Eisfeld nach Schönbrunn, Verlag Michael Resch 1992
- Lüdecke, Frank: Eisenbahnatlas Bundesrepublik Deutschland, Gondrom 1988
- Petrak, Andreas: Die Schmalspurbahn Wolkenstein–Jöhstadt, Verlag Kenning 2001
- Petrak, Andreas: Schmalspurbahn Cranzahl–Oberwiesenthal, Verlag Kenning 1996
- Pfeiffer, Hans-Ulrich; Voß, Wolfgang: Die Schmalspurbahn Bad Doberan–Kühlungsborn, Verlag Kenning 1998
- Preuß, Erich: Die Spreewaldbahn, Transpress 1992 und 2002
- Preuß, Erich; Preuß, Reiner: Schmalspurbahnen in Sachsen, Transpress 2002
- Preuß, Reiner: Eisenbahnreviere Dresden/Erzgebirge, Transpress 1992
- Radke, Detlef: Die Schmalspurbahnen in der Prignitz, Verlag Detlef Radke 1991 und 2002
- Rehmstedt, Claas: Die Fahrzeuge der Museumseisenbahn Bruchhausen-Vilsen–Asendorf, Verlag Karl Paskarb 2005

- Richter, Karl Arne; Ringler, Georg: Lexikon deutscher Privatbahnen, GeraNova 2003
- Rogl, Hans Wolfgang: Archiv deutscher Klein- und Privatbahnen – Niedersachsen, Transpress 1996
- Schadach, Volker: Mit Volldampf auf den Brocken, Studio Volker Schadach 1992
- Schlichtmann, Hans-Otto: Die Kehdinger Kreisbahn, Kreissparkasse Stade 1997
- Schmidt, Markus; Thielmann, Georg: Die Feldabahn, Eisenbahn-Kurier-Verlag 1998
- Siemß, Rüdiger: Schmalspurbahnen im Kreis Jerichow I, Verlag Kenning 1994
- Thiel, Hans-Christoph: Die Weißeritztalbahn, Verlag Kenning 1994
- Tischer, Friedemann: Die Muskauer Waldeisenbahn, Verlag Kenning 2002
- Wagner, Utz von: Die Jagsttalbahn, Eisenbahn-Kurier-Verlag 2002
- Werning, Malte: Inselbahnen der Nordsee, GeraNova 2004
- Wolf, Karl; Kenning, Ludger: Wilkau-Haßlau–Carlsfeld, Verlag Kenning 1994
- Wolff, Gerd: Die Brohltal-Eisenbahn, Eisenbahn-Kurier-Verlag 1991
- Zugspitzbahn AG: Mit der Bahn auf die Zugspitze, Zugspitzbahn AG 1996
- Mitteilungen der Museumsbahnvereine und Betreibergesellschaften auf ihren Homepages
- Eigene Aufzeichnungen des Autors

Bildimpressum und Dank

Für die Bereitstellung von Fotografien sei folgenden Personen gedankt: Alfred Stehn, Andreas Fischer, Benjamin Ebrecht, Carsten Müller , Christian Sacher, Claas Zülow, David Hobler, Gerhard Baum, Hans Thalmann, Heiko Lichnok, Herbert Rubarth, Johannes Kienitz, Jörg Lindner, Josef Kohlpointner, Jürgen Herold, Leonard Zwicker, Mario England, Markus Endt, Markus Held, Markus Kaiser, Martin Hörger, Peter Wunderwald, Rainer Kurth, Sebastian Große, Stefan Haag, Stefan Weiß, Steve Kloseck, Sven Geist, Thomas Brunke, Thomas Schwarze, Walter Brück, Walter Gekeler, Wolfgang Grafeneder.
Alle nicht anders gekennzeichneten Fotografien wurden von Manuel Dotzauer aufgenommen.
Das Kartenmaterial der Jahre 1958–2000 wird mit freundlicher Genehmigung der DB AG verwendet.

Dank für die Bereitstellung und Überprüfung von Informationen gilt außerdem den Vereinen, die sich die Zeit für dieses Projekt genommen haben, darunter insbesondere: Andreas Albinger, Annemarie Böhme, Anton Weigel, Bernd Scherer, Carsten Müller , Claas Zülow, Corina Habben, Danny Lehmann, Denise Zwicker, Dirk Bahnsen, Ingo Neidhardt, Jörg Lindner, Josef Kohlpointner, Jürgen Herold, Karl-Heinrich Waack, Marco Zeddel, Michael Hergarten, Stefan Haag, Stephanie Arnold, Susann Lichnok, Thomas Schneider, Walter Gekeler.

Sonderfahrt mit der sächsischen IV K 99 1574 in Oschatz am 27. Februar 2016.

Abkürzungen

+	Ausmusterung
A	eine Treibachse
B	zwei Treibachsen
BayStsE	Bayerische Staatseisenbahn
bm	Benzinmotor mit mechanischer Kraftübertragung
Bo	zwei einzeln angetriebene Treibachsen
Bruchh.-V.	Bruchhausen-Vilsen
C	drei Treibachsen
CH	Schweiz
Co	drei einzeln angetriebene Treibachsen
D	vier Treibachsen
de	Dieselmotor mit elektrischerr Kraftübertragung
dh	Dieselmotor mit hydraulischer Kraftübertragung
dm	Dieselmotor mit mechanischer Kraftübertragung
E	Elektrolok
E	fünf Treibachsen
ET	Elektrotriebwagen
ÈSD	Èeskoslovenské státní dráhy (Tschechische Staatsbahn)
DB AG	Deutsche Bahn AG
DB	Deutsche Bundesbahn
DGEG	Deutsche Gesellschaft für Eisenbahngeschichte
DKBW	Demminer Kleinbahnen West
DLM	Dampflokmuseum
DR	Deutsche Reichsbahn
DRG	Deutsche Reichsbahn-Gesellschaft
EPG	Kreisbahn Emden–Pewsum–Greetsiel
FKB	Franzburger Kreisbahn
GHE	Gernrode–Harzgeroder Eisenbahn
GMWE	Gera–Meuselwitz–Wuitzer Eisenbahn
GR	Großteil-Erneuerung
h2t	Heißdampf-Tenderflok mit 2 Zylindern
h4vt	Heißdampf-Tenderflok mit 4 Verbundzylindern
HalleHafB	Hallesche Hafenbahn
HF	Heeresfeldbahn
HSB	Harzer Schmalspurbahnen
Kb	Kleinlok mit Benzinmotor
KBR	Kreisbahn Rathenow
KJI	Kreisbahnen Jerichow I
Kö	Kleinlok mit Ölmotor (Dieselmotor)
Köf	Kleinlok mit Ölmotor und Flüssigkeitsgetriebe
KRL	Kreisbahn Rosenberg–Landsberg
LAG	Lokalbahn-AG München
LJK	Luckenwalde–Jüterboger Kleinbahn
LVB	Lettische Staatsbahn
MB	Museumsbahn
MBB	Mansfelder Bergwerksbahn
MEG	Mittelbadische Eisenbahn-Gesellschaft
MFFE	Mecklenburgische Friedrich-Franz-Eisenbahn
MoMuB	Schmalspurbahn Mosbach–Mudau
MPSB	Mecklenburg-Pommersche Schmalspurbahnen
n2t	Nassdamp-Tenderlok mit 2 Zylindern
n2vt	Nassdampf-Tenderlok mit 2 Verbundzylindern
n4vt	Nassdampf-Tenderflok mit 4 Verbundzylindern
NWE	Nordhausen–Wernigeroder Eisenbahn
OldStsB	Oldenburgische Staatsbahn
PfStsB	Pfälzische Staatsbahn
PKB	Pillkaller Kleinbahn
PKKlb	Kleinbahn Pasewalk–Klockow
PKP	Polskie Koleje Pañstwowe (Polnische Staatsbahn)
pm	Petroleummotor mit mechanischer Kraftübertragung
PStEV	Preußische Staatseisenbahn-Verwaltung
RüBB	Rügensche Bäderbahnen
RüKB	Rügensche Kleinbahnen
SäStsB	Sächsische Staatsbahn
SNCF	Société Nationale des Chemins de fer Français (Französische Staatsbahn)
SpremStB	Spremberger Stadtbahn
Spwb	Spreewaldbahn
t	Tenderlok
T	mit Schlepptender
UdSSR	Union der Sozialistischen Sowjetrepubliken
V	Verbrennungslok (Diesellok)
verk.	verkauft
VB	Beiwagen zum VT
VM	Verkehrsmuseum
VT	Verbrennungstriebwagen
WEM	Waldeisenbahn Muskau
WüStsB	Württembergische Staatsbahn